Benziger Broschur

Heiner Müller

Ödipus, Tyrann

Benziger Verlag

Gespräch über Ödipus, Tyrann (Ausschnitt): Redaktion Karl-Heinz Müller unter Mitarbeit von Jan Kauenhowen. Federzeichnung von Rolf Händler

Alle Rechte vorbehalten
© 1971 Benziger Verlag Zürich—Köln
Lizenzausgabe mit Genehmigung des
Aufbau-Verlages, Berlin und Weimar
Gestaltung Emil Maurer VSG
ISBN 3 545 36139

Inhalt

Sophokles: Ödipus Tyrann
Nach Hölderlin von Heiner Müller

Personen

Ödipus
Priester
Kreon
Tiresias
Jokaste
Bote
Diener
Magd
Chor

1

Ödipus:
Ihr Kadmoskinder, neu Geschlecht aus altem
Um was kommt ihr auf Knien und mit dem Zweig
Von Opfern schallend und Gebet die Stadt auch?
Das wollt ich nicht aus andern Boten wissen
Meine Kinder, selbst komm ich auch anhören, ich
Mit Ruhm genannt von allen Ödipus.[1]
Dich, Alter, frag ich, denn du bist geschickt
Für die zu sprechen, red für alle. Steht
In Furcht ihr oder leidet schon? Ich will
Für alles helfen. Fühllos wär ich ja
Zeig ich vor solcher Lage nicht Erbarmen.
Priester:
Du Herrscher meines Landes, Ödipus
Sieh uns am Boden, Junges, weit noch nicht[2]
Zu fliegen stark, vom Alter schwer uns Alte
Bewegend auch in Tempeln deines Lands
Weissagende Asche, denn die Stadt, die du siehst
Sehr wankt sie schon und heben kann das Haupt
Vom Abgrund sie nicht mehr und roter Welle.
Sie schmeckt den Tod aus Bechern ihrer vormals

---

[1] Die Ziffern bezeichnen die Textvarianten im Anhang.

Fruchtbaren Erd, im Fall der Herden und
Aus ungeborener Geburt des Weibs
In Eingeweiden Feuer zündet an
Der Gott, die Pest, ihr, leert die Häuser aus
An ihrem Jammer sättigt sich der Nachtgott
Und füllt sein untres Reich mit deinem Volk.
Nun acht ich zwar den Göttern dich nicht gleich
Doch als den ersten zwischen uns und Göttern
Seit du gekommen und die Stadt gelöst
Vom blutigen Zoll, den wir der Sängerin
Der Grausamen, gebracht, und das von uns
Nichts weiter wissend noch belehrt, sondern
Durch eines Gottes Stimme, wie man sagt.
Jetzt aber auch, o Haupt des Ödipus[3]
Stark über alle, flehen wir dich an
Demütig, einen Schutz uns zu erfinden
Habst du gehört von Göttern eine Stimme
Habst du gehört, was hilft, von einem Mann.
Ich weiss ja, dass Verhängnisse sogar
Sich durch den Rat Erfahrener bewegen.
Bester der Menschen, richte wieder auf
Die Stadt. Sei klug. Den Retter nennt sie dich
Aus früherem Beweis auf diesen Tag noch.
Nicht lange deiner Herrschaft denkt sie aber
Sind wir zurecht gestellt und fallen, nicht
Von dir gehalten in dem Glück aus dir.
Mit Festigkeit erhalte ihren Bau.

Und bleibst du über uns aus deiner Kraft
Ist schöner dir das Land von Männern voll
Als leer, denn nichts ist weder Turm noch Schiff
Wenn Männer nicht zusammen wohnen drin.
Ödipus:
Bekanntes fragt ihr, Unbekanntes nicht
Kommt ihr begehrend. Denn das weiss ich: krank
Seid ihr. Und so, dass euer keiner krank ist
Wie ich. Denn euer Leiden, dein und deines, geht
Auf einen, der allein ist bei ihm selber
Ich trag das ganze, dich und mich, die Stadt.
Und nicht vom Schlafe weckt ihr mich, nicht
    schlafend.
Und wisst, viel weinend, dass ich mehr geweint
Weinend um mehr, viel Sorgenweg gegangen.
Was aber wohl erforschend ich erfand
Ich hab es ausgeführt, das eine Mittel
Den Sohn Menökeus, Kreon, meinen Schwager
Sandt ich ins Haus, ins delphische, dem Gott
Dass selbst er schauen möge, was ich tun
Was sagen soll, um diese Stadt zu retten.[4]
Und schon, durchmessen von der Zeit, macht Sorge
Der Tag mir, was er wohl tut, mein Bote. Lang
Bleibt er mir aus und über die gedachte
Zeit mehr als schicklich. Wenn er aber kommt
Ein andrer wär ich, liess ich eines aus
Von allem, was der Gott mir etwa aufgibt.

Priester:
Zum besten redest du, und eben sagen
Des Kreon Ankunft diese da mir an.[5]

Ödipus:
O Gott Apollon, mag er kommen in
So rettendem Geschick wie hell sein Aug glänzt.

Priester:
Er kommt mit Freudigem. Er käme sonst nicht
So breit gekrönt mit Lorbeer, Baum der Bäume.

Ödipus:
Gleich wissen wirs, nah ist er dass man hört.
O Kreon, meine Sorge, Sohn Menökeus[6]
Mit welcher Stimme kommst du von dem Gott?

Kreon:
Mit rechter. Denn ich sag, auch schlimmes, wenn
Es recht hinausgeht, überall ists glücklich.

Ödipus:
Was für ein Wort ists aber? Weder kühn
Noch auch vorsichtig macht mich deine Rede.

Kreon:
Willst du es hören hier, wo die umherstehn?[7]

Ödipus:
Vor allen sag es, denn für alle trag ich.

Kreon:
Geboten hat uns Phöbos klar, man soll
Des Landes Schmach, auf diesem Grund genährt
Verfolgen, nicht Unheilbares ernähren.

Ödipus:
Durch welche Reinigung? Von welchem Unglück?
Kreon:
Verbannen sollen, oder Mord mit Mord
Ausrichten wir, solch Blut reg auf die Stadt.
Ödipus:
Und welchem Mann bedeutet er das Letzte?
Kreon:
Uns war, o König, Lajos vormals Herr[8]
In diesem Land, eh du die Stadt gelenkt.
Ödipus:
Ich weiss es, habs gehört. Gesehn wohl nicht.
Kreon:
Der ist gestorben. Deutlich will der Gott
Dass man mit Händen fange seine Mörder.
Ödipus:
Und wozuland sind die? Wo findet man
Die zeichenlose Spur der alten Schuld?
Kreon:
In diesem Land, hier, sagt er. Was gesucht wird
Das fängt man. Und was übersehn wird, bleibt.
Ödipus:
Fällt in den Häusern Lajos oder draussen?
Fällt er im fremden Land in diesen Mord?
Kreon:
Den Gott zu fragen ging er aus, so sagt man.
Nicht kehrt er in sein Haus wie er gesandt war.

Ödipus:
Sah nicht ein Bote was oder Begleiter
Von dem ihrs hören konntet, was er sah?
Kreon:
Tot sind die. Einer nur, der floh aus Furcht
Wusst eins von dem zu sagen. Und kein zweites.
Ödipus:
Und was? Denn eins gibt vieles zu erfahren
Wenn kleinen Anfang es empfängt von Hoffnung.
Kreon:
Ihn hätten Räuber angefallen, sagt er.
Nicht eine Kraft, zu töten, viele Hände.
Ödipus:
Der Räuber ging da nicht in solche Frechheit
Wars nicht um Silber hier aus der Stadt von
    einem.[9]
Kreon:
Verdacht war. Auszuforschen den half uns
Da Lajos umgekommen war, nicht einer.
Ödipus:
Welch Übel hindert euch, da so die Herrschaft
Gefallen war, und wehrte, nachzuforschen?
Kreon:
Uns trieb die Rätselsängerin, die Sphinx
Das andre, was zu lösen war, zu lassen.
Ödipus:
Von Anbeginn will aber ichs beleuchten.

Denn treffend hat der Gott und treffend du
Bestellt für den Gestorbenen diese Rache
Mir, Rächer dieses Lands, des Gottes auch.
Nicht fremder Lieben wegen, sondern mir
Zulieb vertreib ich solchen Abscheu. Denn
Wer den getötet hat, leicht hebt wohl der
Die gleiche Hand auf gegen mich, also
Mir selber dien ich, diesem Toten dienend.
Steht auf jetzt, sammelt euer Grünes ein
Und rufe einer mir das Volk hierher.
Denn alles werd ich tun, entweder glücklich
Erscheinen mit dem Gott wir oder stürzen.
Priester:
Kinder, steht auf, denn darum kamen wir.
Und der gesandt die Prophezeiungen
Als Retter komm und Arzt in der Krankheit
    Phöbos.

Priester ab.

Chor:
Zeus Wort, aus dem goldreichen
Delphi, was bist du für eins[10]
Der glänzenden Thebe gesagt?
Weit bin ich gespannt in der Furcht, mein Herz
Taumelt. Wirst du ein neues, oder
Wiederkehrend nach rollendem Zeitlauf, mir

Beschliessen ein Geschick?
Rede, Kind der goldenen
Hoffnung, dauerndes Wort.

Zuerst dich nenn ich
Zeus Tochter, Athene, unsterblich
Und die erdumgreifende
Schwester, Artemis, die
Den kreisenden besitzt, der Märkte Thron.
Und den Phöbos, fernhin treffend, Jo
Ihr drei todwehrenden, erscheint mir!
Wenn vormals in vergangener Irre
Die hergestürzt über die Stadt war
Gelöschet ihr die Flamme des Übels
Ihr Götter, kommt auch jetzt.
Unzählig nämlich trag ich Übel
Und krank ist mir das ganze Volk
Nicht einem wächst, zu schützen, aus
Gedanken ein Speer. Nicht gedeihn die
Früchte des Lands, noch halten der Geburt
Nötige Arbeit aus die Weiber. Einen aber mit
Dem andern kannst du sehn
Wie Vögel, dicht geflügelt, und reissender
Als Feuer, unaufhaltbar
Zur Küste sich aufheben
Des Totengotts.

Wodurch zahllos die Stadt
Vergeht. Im Freien aber, ungedeckt
Liegen die Toten tödlich.
Die Frauen aber und grau die Mütter
Das Ufer des Altars, von überallher
Alle, schutzbittend umschrein
Und der Päan glänzt und der Schrei
Mitwohnend. Darum, goldene
Tochter Zeus, gut blickend, sende
Kraft.

Und der die Pest bringt, Ares, der
Ohne den Erzschild jetzt
Umschrien, mich angreift brennend
Aus den Wohnungen rückgängig treib ihn ins
    breite
Bett der Amphitrite, die das Meer bewohnt
Oder in der Thrakischen Brandung
Rauhen Hafen,
Was nämlich die Nacht schont, bringt
Der Tag um. Unter deinem verderb ihn
Du der lenkt von Blitzen die Kräfte
Unter dem Donner, Zeus.

Apollon, deine auch, mit goldenem
Bogen die Pfeile, die nicht falsch gehn
Zu retten teil sie aus. Dich, Artemis

Leuchtend von Fackeln, wenn sie springt
Auf wölfischen Bergen, ihn auch ruf ich
Benannt nach meinem Land, den berauschten
Bacchus, der auch komme
Mit der Fackel, brennend
Auf den Gott, den Tödlichen
Ehrlos vor Göttern.

2

Ödipus:
Du bittest. Was du bittest, willst von mir du
Zum Ohr die Worte nehmen: für die Krankheit
Kraft sollst du haben und Erleichterung
Vom Übel. Forschen werd ich, bin ich gleich
Fremd in der Sache, fremder noch im Vorgang
Den ich nicht weiss, hab ich vom Gott kein
   Zeichen.
Jetzt aber frag, ein später Bürger, ich
Wer unter euch den Sohn des Labdakos
Lajos, gekannt, durch wen er umgekommen
Dass er mir anzeig alles, was er weiss.
Und wenn die Klag wer fürchtet für sich selber
Nicht Rohes wird er leiden, gibt ers selbst an
Sondern vom Lande geht er unbeschädigt.
Wenn aber einen andern einer weiss
Aus anderm Land, er schweige nicht den Täter.
Seinen Gewinn verbürg ich, und der Dank
Wird auch dabei sein. Wenn ihr aber schweigt
Und fürchtend für den Lieben oder sich
Es einer wegschiebt, was ich darin tu
Das hört von mir: Um dieses Mannes willen
Fluch ich, wer er auch sei in diesem Theben

Wovon die Kraft und Herrschaft ich verwalte
Nicht Worte geben soll man dem noch Nahrung
Nicht nehmen überall zu Göttlichem ihn
Zu den Opfern nicht noch ihm die Hände waschen
Sondern vom Haus ihn treiben überall
Denn er ist uns die Schande. Dieses zeigt
Der Götterspruch, der pythische, mir deutlich.[11]
Des Gottes Hand, des Toten Speer bin ich.
Und ders getan, seis einer, seis mit andern
Abbrauchen schlimm ein schlimmes Leben soll der
Und was ich ihm geflucht, selbst will ichs leiden
Wohnt er in meinem Haus, mein Tischgenosse
Und dreifach leiden wollt ichs, wär ich der.
Und euch befehl ich, alles dies zu merken
Für mich und für den Gott und für das Land
Das ohne Frucht und Götter uns vergeht sonst.
Und wär auch nicht vom Gott bestimmt die Sache
Unrein wars, euch zu lassen im Unreinen
Da euch der beste Mann umkam, der Fürst.
Jetzt mischt der Gott die Hand ein und ich bin die
Erlangt über den Toten seine Herrschaft
Hab ich, sein Bett auch, und das gemeinsame
Gemahl. Die Kinder auch, wär das Geschlecht
Ihm nicht verunglückt, wären uns gemeinsam.
Für den, als wärs mein Vater, steh ich ein
Mit allen Händen greifend seinen Mörder
Und wer mirs weigert, über solche bet ich

Zu Göttern, dass sie nicht ein Land, zu pflügen
Noch Kinder ihnen gönnen aus den Weibern
Und solln vergehn durch solch Geschick und
    schlimmres.
Uns aber, Waffenbrüdern in der Sache
Mögen die Götter gut sein allezeit.
Chor:
Da du im Fluch mich angreifst, König, red
Ich so: Gemordet hab ich nicht, kann nicht
Den Mörder zeigen. Sucht man aber nach
Muss Phöbos Botschaft sagen, wers getan hat.
Ödipus:
Der schweigt den Namen. Und die Götter zwingt
Kein Mann, wo die nicht wollen. Auch nicht einer.
Chor:
Ein zweites, willst du hören, möcht ich sagen.[12]
Ödipus:
Das dritte auch, weisst dus, verschweig mir nicht.
Chor:
Göttern am nächsten wohnt der Seher hier
Blind zwar, Tiresias. Von dem wärs zu hören.[13]
Ödipus:
Nennst du mich träge? Was der weiss, zu fragen
Sandt ich, auf Kreons Rat, zwei Boten schon.
Ich frag warum er ausbleibt und die Boten.
Chor:
Die sonst ich sagen kann sind leer, die Worte.

Ödipus:

Gib sie heraus, denn alle Worte späh ich.

Chor:

Man sagt, er sei von Wanderern getötet.

Ödipus:

Ich hörs. Doch den sieht niemand, ders gesehn.

Chor:

Doch wenn von Furcht er mit sich einen Teil hat
Und deinen hört, den Fluch, er hält ihn nicht aus.

Ödipus:

Der wenn ers tut nicht Scheu hat, scheut das Wort
    nicht.

Chor:

Doch einer ist, der prüft ihn. Hör den Seher.
Dem Wahrheit angehört allein von Menschen.

Auftritt Tiresias.

Ödipus:

Tiresias, der du alles bedenkst, Gesagtes
Und Ungesagtes, Himmlisches und was
Am Boden umgeht, siehst du auch die Stadt nicht
So weisst du doch, mit welcher Krankheit sie
Krank ist. Auf dich jetzt stell ich ihren Bau
Ob du, was rettet, weisst, viel wissend. Denn
Vom Gott kam Botschaft, Rettung käm uns nicht
Eh wir die Mörder Lajos, König vor mir[14]

Umbrächten oder landesflüchtig machten.
Zu lösen dich, die Stadt, auch mich zu lösen
Zu lösen auch den Toten aus der Schande
Neid uns die Sage nicht von deinen Vögeln.
Dein sind wir darin. Und dass nütz ein Mann
Was er von Göttern hat, ist schönste Arbeit.

Tiresias:
Doch schwer ist Wissen, wenn es unnütz trägt
Der Wissende, sich selbst und andern. Weil
Ich weiss, bin ich verloren. Warum kam ich.

Ödipus:
Was weisst du, mutlos? Das nimmst du mir nicht
    mit.

Tiresias:
Lass mich nur gehn. Am besten wirst du deines
Ich meines treiben, wenn du nicht mehr fragst.

Ödipus:
Der Stadt bist du ein Schade, bleibst du mir stumm.
Die dich genährt hat, Schädliches nicht nährt sie.

Tiresias:
Ich seh ja, wie der Stadt zum Schaden geht[15]
Dir auch, dein Fragen. Dass der nicht auf mich
    komm.

Chor:
Bei Göttern nicht, seis mit Bedacht auch, nicht
Eh dus gesagt, kehr um. Ich sags auf Knien.

Tiresias:

Denn sinnlos bist du, der auch. Dass ich nicht
Mein Wissen sage, nicht dein Übel lautmach.

Ödipus:

Sagst du, du willst nicht sagen, was du weisst
Verraten uns, die Stadt verderben also?

Tiresias:

Ich sorg um mich. Du folgtest mir ja doch nicht.

Ödipus:

Sagst du dein Schlimmstes einmal laut heraus
Du Stein, dem Unglück, unserm, farblos? Steine
Für ihn, der ihr ein Stein ist, hat die Stadt.

Tiresias:

Mich schiltst du, was dir beiwohnt, siehst du
    nicht.
Es kommt ja doch, geh ich auch weg mit
    schweigen.

Ödipus:

Sagen, was kommt, ist dein. Auch kams nicht
    immer.

Tiresias:

Nichts weiter sag ich, geht dein Zorn auch wild.

Ödipus:

Leicht mag der über dich gehn. Hör, was ich weiss.
Ich sag es nämlich und lass dir nichts weg:
Mit angelegt zu haben und gewirkt
Den Mord, um den ich frag, bist du verdächtig

Zwar nicht mit Händen mordend. Wärst du sehend
Das auch, sagt ich, gehörte dir allein.

Tiresias:

Bei dir jetzt bist du, über dir dein Zorn
Dein Fluch, getürmt auf andre, du bewohnst ihn
Der Stadt ein Grauen. Hältst du dein Gesetz aus?

Ödipus:

So schamlos wirfst du dieses Wort heraus?
Und glaubst wohl, mit der Lüge dich zu sichern!

Tiresias:

Gesichert, wenn die Wahrheit Kraft hat, bin ich.

Ödipus:

Wer sagte dirs? Denn nicht aus deiner Kunst ists.

Tiresias:

Von dir. Und es zu sagen zwangst du mich.

Ödipus:

Und welches Wort? Das wiederhol mir deutlich.

Tiresias:

Weisst dus nicht längst und reden zu Versuch wir?

Ödipus:

Nichts, was man längst weiss. Wirst dus wieder
    sagen?

Tiresias:

Der Mörder, den du suchst, ich sag, du bist der.

Ödipus:

Nicht mir, dir selbst zum Schaden sagst du das.

Tiresias:
Und andres, wenn mehr Futter braucht dein Zorn.
Ödipus:
Red was du willst, für niemand wirds gesagt sein.
Tiresias:
Ganz schändlich, sag ich, lebst du mit den Liebsten
Geheim, siehst nicht, mit wem du wohnst, im
    Unglück.
Ödipus:
Glaubst du allzeit frohlockend dies zu sagen?
Tiresias:
Wenn irgend etwas nur der Wahrheit Macht gilt.
Ödipus:
Sie gilt, bei dir nicht, dir gehört das nicht
Blind bist an Ohren du, an Mut und Augen.
Tiresias:
Elend bist aber du, scheltend, und keiner
Der bald nicht so wird schelten gegen dich.
Ödipus:
Der letzten Nacht genährt lebst du, mich niemals
Noch einen andern siehst du, der dich sieht.
Tiresias:
Von dir zu fallen ist mein Schicksal nicht.
Apollon heisst, der dich zu enden vorhat.
Ödipus:
Sind Kreons oder sind von dir die Worte?

Tiresias:
Kreon ist dir kein Schaden, sondern du bists.
Ödipus:
O Reichtum, Kunst, ungleich verteilt von Göttern.
O Macht, wie reissend wohnt der Neid dir bei
Dass dieser Herrschaft wegen, die die Stadt mir
Ganz ungefordert auflud, Kreon mich
Der Treueste, lieb von je, anfällt geheim
Bestellend diesen schlauen Zauberer
Den bettelhaften Alten, der Gewinn
Nur ansieht, aber blind an Kunst geboren
Denn siehe, wenn du Seher bist und weise:
Was sangst du nicht, als hier die Sängerin hauste
Die hündische, ein Löselied den Bürgern?
Das brauchte Seherkunst, die weder du
Von Vögeln als Geschenk herabgebracht hast
Noch von der Götter einem. Aber ich
Der ungelehrte eine Mann, ich schweigte
Die männerfressende, mit dem Verstand
Ihr Rätsel treffend, durch Erfahrung nicht
Von Vögeln. Auszustossen denkst du den
Meinst nah genug an Kreons Thron zu kommen.
Mit Tränen wirst du das, und ders mit dir
Zusammen spann, mir büssen. Wärst du alt nicht
Ich liess dich leiden, was du mir gedacht.
Chor:
Es scheinen uns zugleich von dem die Worte

Im Zorn gesagt und deine, Ödipus.[16]
Den aber brauchts nicht. Doch zu sehn, wie allen
Zu lösen sei des Gottes Spruch zum besten.
Tiresias:
Bist du noch eigenmächtig, hab ich auch Macht
Und rede so, mit gleichem dir erwidernd:
Nicht dir leb ich ein Knecht, nicht Kreon. Göttern
Leb ich. Da du mich Blinden schiltst, hör das:
Sehend bist du, siehst nicht, mit wem du hausest.
Weisst du, aus wem du bist? Du lebst geheim
Verhasst den Deinen, die hier unten sind
Und oben auf der Erd, und ringsum treffend
Treibt von der Mutter und vom Vater dich
Gewaltig ändernd aus dem Land der Fluch.
Deines Geschreies, welcher Hafen wird
Nicht voll sein, welcher Kithäron nicht mitrufen ba
Fühlst du die Hochzeit? Wie du landetest
Mit gutem Wind am uferlosen Ufer?
Der andern Übel Menge merkst du auch nicht
Die dich zugleich und deine Kinder treffen.
Nun schimpfe noch auf Kreon und auch mir
In mein Gesicht, denn schlimmer ist als du
Kein Sterblicher, der jemals wird gezeugt sein.
Ödipus:
Ist wohl von dem zu hören das erduldbar?
Gehst du zu Grund nicht endlich? Wendest nicht

Den Rücken gleich der Stadt und gehst und kehrst
    nicht?
Tiresias:
Nicht wär ich hergekommen, riefst du nicht.
Ödipus:
Wusst ich, du würdest Tolles reden, liess ichs.
Tiresias:
Red ich dir toll? Nicht denen, die dich zeugten.
Ödipus:
Und welchen? Bleib. Wer zeugt mich unter
    Menschen?
Tiresias:
Der Tag, der! wird dich zeugen und verderben.
Ödipus:
Wie sagst du alles rätselhaft und dunkel.
Tiresias:
Bist du doch selbst der beste Rätsellöser.
Ödipus:
Schiltst du, worin ich gross erfunden bin?
Tiresias:
Was dich verderbt hat, Wurzel deines Falls.
Ödipus:
Hab ich die Stadt gerettet, acht ichs nicht.
Tiresias:
Ich habs gesagt, ich geh warum ich kam.
Und den du überall suchst, der ist hier.
Als Fremder, nach der Rede, wohnt er mit uns

Doch bald als Eingeborener wird er kund sein
Und als Thebaner, und nicht sich freun am
   Umschlag.
Sehend aus Blindem, blind aus Sehendem
Und arm aus reich wird er in fremdes Land
Vordeutend mit dem Zepter wandern müssen.
Kund wird er sein, bei seinen Kindern wohnend
Als Bruder und als Vater, einem Weib
Sohn und Gemahl, in einem Bette mit
Dem Vater und sein Mörder. Geh, bedenks.
Und findest du als Lügner mich, so sage
Dass ich die Seherkunst jetzt sinnlos treib.

Ab.

Chor:
Wer ists, von welchem prophezeiend
Gesprochen hat der delphische Fels
Als hab Unsäglichstes
Vollendet er mit blutigen Händen?
Es kommet die Stunde, da kräftiger er
Denn sturmgleich wandelnde Rosse, muss
Zu der Flucht die Füsse bewegen.
Denn gewaffnet auf ihn stürzt
Mit Feuer und Wetterstrahl
Zeus Sohn, und gewaltig kommen zugleich
Die unerbittlichen Parzen.

Erschienen auf schneehohem
Berg ein Blick von Feuer ist das Gerücht
Von der Spur des Versteckten
Der zu suchen sei
Irrend durch weglosen Wald
In Höhlen und Felsen, dem Stier gleich
Den die Herde verworfen hat
Der Unglückliche mit Unglücksfüssen, wild
Die Prophezeiungen flieht er
Die, aus der Mitte der Erd
Allzeit lebendig fliegen umher.

Gewaltiges regt, Gewaltiges auf der weise
Vogeldeuter, das weder klar ist noch
Undeutlich. Und was ich sagen soll
Ich weiss nicht, flieg aber in Hoffnungen
Auf und nieder.
Nicht hab ich gewusst
Was für ein Streit sei zwischen
Den Labdakiden und Polybos Sohn
Noch weiss ich jetzt auch
Mit welchem Probstein ich prüfen soll
Den Labdakiden ein Rächer
Des Ödipus landweiten Ruhm. [17]

Zeus aber und Apollon
Wissen es, kennen die Sterblichen.

Dass aber unter Männern
Ein Seher mehr begabt sei
Ist nicht ein sicheres Urteil.
Mit Weisheit der Weisheit
Begegne der Mann.
Nicht werde ich jemals, eh ich hab
Ein genaues Wort, mich unter
Den Richtenden zeigen, deutlich
Hat ihn geprüft die geflügelte Jungfrau
Vormals, und weiser erschien er
In der Prüfung jetzt auch freundlich der Stadt.
   Darum
Nach meinem Willen niemals
Wird er es büssen, das Schlimme.

3

Kreon:
Ihr Männer, Bürger, hartes Wort erfahr ich
Dass mich beschuldigt Ödipus, der Herr.[18]
Deswegen komm ich, leidend. Wenn der denkt
Dass er von mir in diesem Fall erfahren
Mit Worten oder Werken Schädliches
Hab ich am weiten Leben keine Freude.
Nicht einfach trifft von seinem Wort der Stachel
Mich, sitzend hoch wie er in meinen Häusern
Aufs höchste bin ich schlimm in dieser Stadt
Schlimm gegen euch geheissen und die Lieben.

Chor:
Doch ist gekommen dieses Wort, vielleicht
Aus Zorn erzwungen, nicht aus klarer Meinung.

Kreon:
Woraus erweist sich, dass der Seher lügt
Und dass er meinem Rat folg, Lügen sprechend?

Chor:
Aus Herrscherwort. Man weiss nicht seinen Grund.

Kreon:
Ist aus geraden Augen, rechtem Geist
Gesprochen worden über mich die Klage?

Chor:
Ich weiss es nicht. Was Grosse tun, ich seh
Das nicht. Doch selber kommt er aus dem Haus.

Auftritt Ödipus.

Ödipus:
zu Kreon: Du.
zum Chor: Der.
zu Kreon: Wie kommst du her? Hast du so frech
Ein Angesicht, dass in mein Haus du kommst
Der Mörder unser eines offenbar
Und Räuber, wie es klar ist, meiner Herrschaft?
Geh. Sag, bei Göttern, hast du Feigheit an mir
Gesehen oder Narrheit, dass du dies
Mir tun willst? Meinst du, dass ich dir das Netz
Nicht ausmach und zerreiss? Dein Unternehmen
Ists dumm nicht, nach dem Thron zu langen ohne
Volk, der durch Volk erobert wird und Geld?
Kreon:
Weisst du, was du beginnst? Hör, eh du richtest
Mit deinen Worten, mir gesagt, dich selbst.
Ödipus:
Im Reden bist du stark, ich schlimm, wenn ich
Von dir lern, der mir schwierig kommt und falsch.
Kreon:
Darüber eben hör erst, was ich sage.

Ödipus:

Das eben sag mir nicht, du seist nicht schlimm.

Kreon:

Nicht ohne Kopf ist Eigensinn ein Gut.

Und wer es anders denkt, nicht weit denkt der.

Ödipus:

Nicht ungestraft misshandelt man Verwandte.

Und wenn du anders denkst, denkst du nicht weit.

Kreon:

Das ist nun recht gesagt und gleich denk ich.

Sag mir das Leiden, das von mir du leidest.

Ödipus:

Hast du geraten oder nicht, dass not sei

Zum heiligen Seher einen Mann zu schicken?

Kreon:

Nicht anders riet ich dir zum andern mal.

Ödipus:

Wie lange Zeit nun ist es schon, dass Lajos —

Kreon:

Was ist mit dem? Frag deutlich deine Frage.

Ödipus:

Unsichtbar ward durch Übel ohne Namen.

Kreon:

Die Zeit ist lang. Nicht lang genug, zu schweigen.

Ödipus:

Trieb damals so der Seher seine Kunst? [19]

Kreon:

Mit gleicher Weisheit. Und geachtet darum.

Ödipus:

Und sprach er meinen Namen aus dabei?

Kreon:

Nicht dass ichs hörte, nicht wenn ich dabeistand.

Ödipus:

Und habt ihr nicht dem Toten nachgeforscht?

Kreon:

Wir haben es. Wie nicht? Und nichts gehört.

Ödipus:

Warum sprach damals nicht wie jetzt der Weise?

Kreon:

Ich weiss es nicht. Verstehs auch nicht, und
　　schweig da.

Ödipus:

Viel weisst du aber. Sag es nun vor allen.

Kreon:

Und was? Nicht leugnen werd ich, wenn ich weiss:

Ödipus:

Das: war er nicht im Bund mit dir, der Blinde
Nicht meinen Namen gab er diesem Mord.

Kreon:

Ob der das aussagt, weisst du selbst. Ich aber
Will hören das von dir, was du von mir willst.

Ödipus:

Hör das: nicht mich als Mörder wird man treffen.

Kreon:

Bist du vermählt, oder bists nicht, meiner
  Schwester

Und herrschst wie sie, des Landes Boden
  haltend?

Ödipus:

Und was der braucht und sie, all das besorg ich.

Kreon:

Und steh nicht ich, der dritte neben euch?

Ödipus:

Wenn noch gezählt wird, der so falsch sich zeigt.

Kreon:

Nicht wenn du mein Wort hörst, wie deines ich.

Bedenke dies erst, ob du etwa glaubst

Dass einer lieber Herrschaft will in Furcht

Als sanft zu schlafen, wo er gleiche Macht hat.

Ich bin nun nicht gemacht, dass mehr ich wünsch

Ein Herr zu sein als Herrliches zu tun.

Und jeder so, der sich zu zähmen weiss.

Jetzt hab ich alles, ohne Furcht, von dir.

Regiert ich selbst, viel müsst ich ungern tun.

Wie sollte nun die Herrschaft lieblicher

Als Ehre kummerlos und Macht mir sein?

Noch bin ich nicht so weit ein Narr, zu gehn

Wo sich vom Ganzen scheidet mein Gewinn.

Jetzt freut mich alles, jetzt begrüsst mich jedes

Jetzt rufen die mich an, die dein bedürfen

Denn bei mir liegt, dass ihnen ihres glückt.
Wie sollt ich lassen dies, nach jenem greifen?
Und täts ein andrer, nie ging ich mit dem.
Nimm deinen Vorwurf, geh damit nach Pytho[20]
Frag, ob den Spruch ich deutlich dir verkündet.
Und findst du, dass ich mit dem Zeichendeuter
Was ausspann, magst du, wie du willst, mich töten
Zweifach verdammt, von dir und auch von mir.
Aber verklag aus dunkler Meinung mich nicht.
Denn nicht ists recht, den Schlimmen überall
Für trefflich halten, Treffliche für schlimm
Und wenn ein Mächtiger einen Freund verwirft
Ists ihm, als wärs am eignen liebsten Leben
Und von der Zeit erfährst du das genau.
Deutlich die Zeit stellt aus den rechten Mann
An einem Tag erkennest du den Schlimmen.
Chor:
Schön spricht er. Nicht fällt, der den Schritt
    bedenkt
Und schnell zu denken, König, leicht ists zu
    schnell.[21]
Ödipus:
Greift einer schnell, der Schlingen legt, mich an
Muss ich auch raten mir mit gleicher Schnelle.
Bin ich bequem und wart ihn ab, leicht bringt
Der seins heraus und meines ist verfehlt.

Kreon:
Was willst du also? Aus dem Land mich treiben?
Ödipus:
Nein. Sterben sollst du, hier, nicht fliehn. Das
    will ich.
Kreon:
Beweis die Klage.
Ödipus:
Steifst du noch den Nacken?
Kreon:
Säh ich Besinnung —
Ödipus:
Meine Sache nun.
Kreon:
Auch meine heisst sie.
Ödipus:
Ja, wenn du nicht schlimm wärst.
Kreon:
Wenn aber du nicht weisst.
Ödipus:
Man muss doch herrschen.
Kreon:
Ja, aber nicht die schlimmen Herrn.
Ödipus:
O Stadt! Stadt!
Kreon:
Auch mich geht an die Stadt, nicht dich allein.

Chor:

Hört auf, ihr. Aus dem Haus die Frau kommt, Jokaste.

Mit ihr ist euer Streit jetzt auszurichten.

Auftritt Jokaste.

Jokaste:

Was führt ihr Zungenkrieg? Ist euch genug

Das Land erkrankt nicht, weckt ihr eignes Unheil?

Komm du ins Haus, geh, Kreon, heim in deines

Damit ihr grosse Last nicht macht zu grössrer.

Kreon:

Hör, Schwester, viel denkt dieser hier, dein Mann

Mir anzutun, für nichts mich töten will er.

Ödipus:

Das will ich. Denn schlimm handelnd fand ich, Frau

An meinem Leben ihn mit schlimmen Künsten.

Kreon:

Verflucht vergehen will ich, wenn ich tat

Von dem, was der mir Schuld gibt, irgendeines.

Jokaste:

Glaub, bei den Göttern, glaub ihm, Ödipus[22]

Und achte seinen Eid. Und mich. Und diese.

Chor:

Dass du nicht ausschweifst im Verdacht.

Ödipus:

                                        Willst du
Dass ich dir ausweich?
Chor:

                        Der zuvor nicht fehl ging
Nicht ehrlos färbt ihn ungenaues Wort
Vom Land nicht treiben ehrlos soll man ihn
Der im Eid steht. Denk es, Tyrann, und vertraue.
Das will ich.
Ödipus: Was du verlangst, weisst dus?
Chor:

                                        Ich weiss es.
Ödipus:
So wisse, wenn du das suchst, suchst du mein
Verderben oder meine Landesflucht.
Chor:
Das nicht! Beim Taglicht, das
Den Göttern vorgeht, freundlos
Im Äussersten will ich untergehn
Wenn solchen Gedanken ich habe
Mir Unglücklichem ermattet aber
Vom welkenden Land die Seele
Wenn die noch kommen
Zu den alten eure Übel.
Ödipus:
So mag er gehn, muss ich durchaus gleich sterben
Oder verbannt sein ehrlos mit Gewalt.

Von dir erbarmt mich ja, von diesem nicht
Der Jammermund. Der ist durchaus mir ein
   Abscheu.
Kreon:
Nimmst du den Zorn mit, weichend? Springst
   beschwert
Mit Ängsten über deine Furcht? Wie trägt er
Das ganze, der unwillig trägt sich selbst?
Ödipus:
Lass du mich jetzt und nimm dich weg.
Kreon:

                                             Ich gehe
Von dir misskannt, doch gleichgesinnt mit diesen.
Ab.
Chor:
Frau, willst du den ins Haus nicht bringen?
Jokaste: Sag mir
Was vorging.
Chor:
          Ein Schein ist, unbekannt, in die Worte
Gekommen, und es sticht das Ungerechte.
Jokaste:
Von beiden?
Chor:

                                             Ja.

Jokaste:

          Und welches war das Wort?

42

Chor:

Da uns genug das Land schon müd ist, mag
Das bleiben, wo es steht und sei vergessen.

Ödipus:

Sieh, wo du hinkommst, bleibst du in der Meinung
Dein Herz abstumpfend gegen meine Sache.

Chor:

Ich hab es gesagt, Tyrann
Nicht einmal nur, du weisst es also:
Gedankenlos ausschweifend
Erschien ich, wenn ich von dir
Mich trennte. Du, der mein Land, das liebe
In Mühn umirrend
Recht hat geführt mit günstigem Wind bis hierher
Auch jetzt noch, wenn du kannst, fahr glücklich.

Jokaste:

Wenn du mich irgend wert hältst, sag mir, Mann
Weshalb du solchen Zorn hast angestiftet.

Ödipus:

Ich sag es dir, denn dich, Frau, acht ich mehr
Als diese. Hör, was Kreon mir bereitet.

Jokaste:

Sags, wenn du deutlich deine Klage führst.

Ödipus:

Der Mörder sei ich dieses Lajos, sagt er.

Jokaste:

Hörst dus von ihm? Hat ers gehört von andern?

Ödipus:
Den Seher schickt er mir, den Unheilstifter.
Der hat die Zungen alle losgemacht.
Er selbst hielt rein den Mund vor mir und denen.
Jokaste:
Lass du das deine nun, wovon du sprichst.
Auf dich nicht kommt das, du vergiss es also.
Gehorche mir und lerne das: Es gibt
Nichts Sterbliches, das Seherkunst besässe.
Ich zeige dir von dem ein treffend Zeichen.
Ein Spruch kam Lajos einst, ich will nicht sagen
Von Phöbos selbst, doch von des Gottes Dienern
Dass sein das Schicksal warte, von dem Sohn
Zu sterben, seinem, der ihm käm aus mir.
Es töteten ihn aber Fremde, Räuber
So ists berichtet, auf dreifachem Kreuzweg.
Jedoch als ihm geboren war das Kind
Es standen nicht drei Tag an, band er ihm
Der Füsse Glieder und mit fremden Händen
Warf ers ins nicht mehr gangbare Gebirg.
Und nicht erfüllte dort der Gott ihm, dass es sei
Des Vaters Mörder, dass vom Sohne sterb
Der das Gewaltige gefürchtet, Lajos.
So haben sich erklärt der Seher Sagen.
Und kehre dran dich nicht. Denn was ein Gott
Notwendig sieht, leicht offenbart er selbst es.

Ödipus:
Wie greift mir jetzt aus deinen Worten, Weib
Angst in den Mut, bewegend alle Sinne.
Jokaste:
Von welcher Sorge redest du verwirrt?
Ödipus:
Hab ich von dir gehört, ich habs, dass Lajos
Sei umgekommen auf dreifachem Kreuzweg?
Jokaste:
Man sagte das. Noch hörte mans nicht anders.
Ödipus:
Wie heisst der Ort, wo jenem das geschah?
Jokaste:
In Phokis trifft und scheidet sich der Dreiweg.
Ödipus:
Und welche Zeit ist über dies gegangen?
Jokaste:
Eh du die Herrschaft nahmst hier, die du hast
Nicht lang vorher ward es der Stadt verkündet.
Ödipus:
O Zeus, was willst du, dass von mir geschehe?
Jokaste:
Aus welcher Furcht kommt, Ödipus, dein
    Fragen?[23]
Ödipus:
Frag mich nicht. Sag mir aber, wie der Mann
Im Aussehn war, Lajos, wie hoch im Alter.

Jokaste:

Gross, um das Haupt weiss blühend schon von
   Jahren
Und der Gestalt von dir war er nicht ungleich.

Ödipus:

Ich Armer. Hab ich doch, da ich in Flüche
Gewaltig ausbrach eben, nicht gewusst.

Jokaste:

Und was? Mich ängstet, seh ich so dich, König.[24]

Ödipus:

Gewaltig fürcht ich, sehend sei der Seher.
Du wirst das mehr aufklären, sagst du eins noch.

Jokaste:

Mich ängstet. Fragst du, sag ich, was ich weiss.

Ödipus:

Ging er allein auf diesem Weg oder
Mit Volk, in Eisen, wie ein Mann mit Macht?

Jokaste:

Fünf waren sie, ein Herold ging vor ihm
Ein Maultierwagen fuhr, darauf er, Lajos.

Ödipus:

Das ist nun deutlich, weh mir. Wer ists nun, Weib
Der euch den Mord gesagt hat, den, mit Worten?

Jokaste:

Ein Diener, der entflohen war, allein.

Ödipus:

Ist in den Häusern er auch jetzt noch, hier?

Jokaste:

Nein, nicht. Als dort er herkam und erfuhr
Du habst die Macht, und Lajos war getötet
Bat er mich sehr, die Hände mir berührend
Aufs Land zu senden ihn zu Schafeweiden
Wo er der Stadt am meisten vom Gesicht sei.
Auch liess ich ihn, denn wert war dieser Mann
Knecht zwar, zu haben grössre Gunst als diese.

Ödipus:

Ruf ihn zurück, und gleich.

Jokaste:

Doch warum willst dus?

Ödipus:

Ich fürchte vor mir selbst mich, Weib. Dass ich[25]
Zu viel gesagt, warum ihn sehn ich will.

Jokaste:

Er kommt ja. Doch zu hören würdig bin
Auch ich wohl, was dir Schlimmes aufkommt,
   König.[26]

Ödipus:

Das sei dir nicht verschwiegen, da so viel jetzt
Ich fürchte. Wer lebt mir näher auch als du
Ganz, was mir zugeteilt ist, auszusagen.
Mein Vater Polybos war von Korinth
Die Mutter Merope von Doris. Dort
Ward ich geschätzt der grösste von den Städtern
Eh dies Gerücht kam über mich, und wert

Zu wundern ists, doch meines Eifers nicht:
Ein Mann, beim Mahle, voll von Trunkenheit
Durch Wein, sagt mir, ich sei unecht dem Vater
Und ich, erzürnt, den gegenwärtigen Tag
Kaum aushielt. Doch am andern ging ich hin
Zur Mutter und zum Vater, fragte drüber.
Unwillig trugen die den Schimpf von dem
Dem dieses Wort entgangen. Das erfreute
An ihnen mich. Doch stach das Wort mich immer.
Denn vieles war dahinter. Und geheim
Vor Vater und vor Mutter reis ich weg
Nach Delphi. Mir verachtet Phöbos das
Warum ich kam, und schickt mich weg. Doch andres
Mühsame, Grosse, Unglückliche zeigt
Er mir und sagt, ich müsste mit der Mutter
Vermischet sein, und Menschen unerträglich
Zu schauen ein Geschlecht erzeugen, auch der Mörder
Des Vaters sein, der mich gepflanzet hätte.
Da ichs gehört, nur von den Sternen noch
Ablesend, wo Korinth war, floh ich, weg
Damit ich nie dort schauete die Antwort
Der bösen Frage, die der Gott mir aufwarf.
Gewandert aber komm ich in die Gegend
Wo umgebracht ist Lajos, wie du sagst
Vor allen dir nun Wahres sag ich: dass

Ich nahe ging, auf jenem Dreiweg, wo
Der Herold und auf einem Füllenwagen
Ein Mann herfahrend, wie du mir berichtet, mir
Begegneten und aus dem Wege mich
Der Führer und der Alte mit Gewalt trieb.
Ich schlage, wie heran er lenkt, den Fuhrmann
Im Zorn, und wie mich stehen an dem Wagen
Der Alte sah, zielte der mitten mir
Aufs Haupt und schlug mich mit dem Gäulestachel.
Ungleich hat ers gebüsst. Denn schnell getroffen
Vom Stabe dieser Hände, rücklings wird
Heraus vom Wagen plötzlich er gewälzt.
Ich tötete alle. Wenn der Fremde aber
Mit Lajos, jener, irgend was gemein hat
Wer ist unseliger als unsereiner?
Und welcher Mann den Geistern mehr verhasst?
Den in der Fremde keiner und kein Städter darf
Einladen in das Haus, ansprechen keiner.
Den man vom Hause treiben muss. Und diesen Fluch
Hat keiner sonst als ich mir selbst gestiftet.
Das Ehbett auch des Toten, mit den Händen
Befleck ich es durch die er umkam. Bin ich bös?
Bin ich nicht ganz unrein? Und wenn ich fliehen
    muss
Darf auf der Flucht die meinen ich nicht sehn
Noch gehn zur Heimat. Oder soll ich sein
Zusammen mit der Mutter gejocht zur Hochzeit

Soll ich den Vater morden, Polybos
Der mich gezeugt hat und mich aufgenährt?
Ist einer, der nicht merkt aus meiner Spur
Dass zwingen meinen Schritt ein Gott will, roh?
Nein, bei der Götter heiligem Namen, nicht
Mag diesen Tag ich sehen, sondern lieber
Schwind ich von Menschen, eh ich sehen muss
Wie solch ein Schimpf des Zufalls mir begegnet.
Chor:
Uns auch, König, ist das furchtbar. Bis du aber[27]
Es weisst von einem, der dabei war, hoffe.
Ödipus:
Nun aber bleibt von Hoffnung mir so viel
Den einen Mann, den Hirten, abzuwarten.[28]
Jokaste:
Ist der erschienen, was ist deine Hoffnung?
Ödipus:
Ich wills dir sagen. Findet sich, dass der
Sagt, was du sagst, so mag ich fliehn das Leiden.
Jokaste:
Durch welches Wort, das du von mir gehört?
Ödipus:
Von räuberischen Männern sprach er, sagst du
Die hätten den getötet. Wenn er jetzt noch
Dieselbe Zahl aussagt, hab ich den nicht
Getötet. Nicht mag einer vielen gleich sein.
Wenn einen Mann, gefährtenlos, er nennt

50

Kommt deutlich diese Tat jetzt über mich.
Jokaste:
So wisse, dass ganz offenbar sein Wort ist
Und nicht umwerfen darf er uns das wieder
Die Stadt hat es gehört, nicht ich allein.
Wenn nun vom alten Wort er etwas abweicht
Nicht wendet er auf dich des Lajos Mord
O König, den der Gott selbst, Loxias[29]
So aussprach, dass von meinem Kind er sterbe.
Auch hat ihn ja das unglückselige nicht
Getötet, auch nicht, selbst kam es zuvor um.
Und so mag in den Prophezeiungen
Ich jetzt nichts sehn, aus der nicht und aus keiner.
Ödipus:
Schön meinst du das, Frau. Sende aber doch
Zu diesem einen Boten, lass es nicht.
Jokaste:
Schnell will ich senden. Folge mir ins Haus.
Nichts möge hier, was nicht gefällt, geschehn.[30]
Chor:
Hätt ich mit mir die Kraft
Zu merken Heiliges mit Worten genau
Und in den Werken; von dem die Gesetze
Vor Augen sind, himmlisch gezeugt
Nicht hat sterbliche
Natur von Menschen die aufgestellt noch jemals
    im Vergessen

Einschlafen sie
Gross ist in ihnen der Gott
Nicht altert er.

Unmass pflanzt Tyrannen. Unmass
Wenn eitel es von vielem übervoll ist
Auf den Gipfel, tollkühn, steigt es. Und stürzt
In den tieferen Zwang, wo nützlich den Fuss
Es nicht mehr brauchen kann.
Dass der Gott nicht ende den Streit
Gut für die Stadt, vor dem deutlichen Ausgang
Bitte ich. Den Gott
Will ich ja nicht lassen. Er bleibe über mir.
Wenn aber allverachtend einer mit Händen umgeht
    oder
Mit Worten, gegen das Recht
Furchtlos, nicht ehrend die Throne der Götter
Den greif ein böses Schicksal
Solchen Prahlens wegen.
Wenn einer Gewinn hat aus Unrecht
Und Offenbartes zudecken will
Das Unberührbare angreift albern
Wer mag noch gegen solchen Mann
Im Herzen die Pfeile verschliessen. Wenn
Gut solche Handlungen gelten, warum noch
Heb ich die Füsse?

Nicht mehr zum unberührbaren geh ich
Zu der Erde Nabel mit Ehrfurcht
Noch zu dem Tempel in Abä
Nach Olympia nicht, wenn Sterbliche
Was zu greifen ist mit Händen
Nicht mehr achten.
Du Mächtiger aber, wenn du
Aufrichtiges hörst, Zeus, allbeherrschend
Verborgen sei es dir und deiner
Dauernden Herrschaft nicht
Wie dir zuschanden werden die alten
Von Lajos die Göttersprüche, und nicht mehr
Geehrt ist Apollon, unglücklich
Das Göttliche geht.

4

Jokaste:
Häupter des Landes, mein Gedank ist der
Zu gehn in der Dämonen Tempel, grün
In meiner Hand die Kronen, und mit Rauchwerk.
Denn aufwärts biegt er, Ödipus, den Mut[31]
In vielfaltiger Qual, nicht, wie ein Mann
Besonnen, prüft am Alten er das Neue
Aus jedem Sprecher hört er seine Furcht
Und weiter nichts mehr kann ich, das zu enden.
Zu dir, o wölfischer Apollon, aber
Denn sehr nah bist du jetzt, komm ich auf Knien
Mit diesen Huldigungen, dass du uns
Ein rettend Mittel senden mögest eilig
Denn alle jetzt fürchten wir, betroffen ihn
Von Furcht erblickend, der das Steuer hat.
Bote:
Kann ich von euch, ihr Männer, hören, wo
Des Königs Häuser sind, des Ödipus? [32]
Chor:
Das Haus ist hier, und drinnen, Fremder, ist er.
Und diese Frau ist Mutter seiner Kinder.
Bote:
Reich soll sie sein, und mit den Reichen immer

Und immer auch von jenem die Gemahlin.

Jokaste:

Gutes dir auch, des guten Wortes wegen.

Mit welcher Bitte kommst du, welcher Nachricht?

Bote:

Mit guter in das Haus und zum Gemahl, Frau.

Jokaste:

Was ist es? Und von wem bist du gekommen?

Bote:

Ich komme von Korinth, es freut vielleicht

Mein Wort. Wie nicht? Es kann dich auch betrüben.

Jokaste:

Was ist es, das so zweifach eine Kraft hat?

Bote:

Zum Herren wolln ihn, dass daselbst er throne

Die Eingeborenen des Isthmos setzen.

Jokaste:

Wie? Herrscht der Alte, Polybos, nicht mehr?

Bote:

Nicht mehr, seitdem der Tod ihn hält im Grabe.

Jokaste:

Was sagst du? Ist gestorben Polybos?

Bote:

Sag ich die Wahrheit nicht, so will ich sterben.

Jokaste:

Du, Magd, willst du nicht gleich zum Herrn gehn,
  das

Ihm sagen? O ihr Prophezeiungen
Der Götter, wo seid ihr? Weit auf grossem Fuss
Ist er gegangen, dass er nicht ihn töte.
Jetzt stirbt der weg, zufällig, nicht von ihm.
Ödipus:
Jokaste, liebste unter Lebenden
Was riefst du von den Häusern mich heraus?
Jokaste:
Hör diesen Mann, und frag und höre, wo
Die hohen sind, des Gottes Sehersprüche.
Ödipus:
Doch wer ist dieser, und was sagt er mir?
Jokaste:
Er kommt dir von Korinth, sagt, Polybos
Dein Vater, sei nicht mehr, tot sei er.
Ödipus:
Was sagst du, Fremder? Kläre du mich selbst auf.
Bote:
Wenn dies zuerst ich deutlich melden soll
So wisse, dass mit Tod er abgegangen.
Ödipus:
Ist er durch Mord gestorben oder Krankheit?
Bote:
Ein kleiner Fall macht still die alten Körper
Ödipus:
An Krankheit welkte, wie es scheint, der Alte.

Bote:
Und an der grossen Zeit, ihm zugemessen.
Ödipus:
Tot der. Wer wollte nun noch, Weib, noch einmal
Den wahrsagenden Stein befragen, oder
Die oben schrein die Vögel? Deren Wort nach
Ich töten sollte meinen Vater, der
Gestorben schläft unter der Erd, hier aber
Bin ich, und rein ist meine Lanze. Wenn er anders
Im Traume nicht umkam von mir. So mag er
Gestorben sein, von mir. Zugleich nahm er auch
Die heutigen Sehersprüche mit und liegt nun
Im Hades, Polybos, nicht weiter gültig.
Jokaste:
Hab ich dir dies nicht längst vorausgesagt?
Ödipus:
Du hasts gesagt. Ich ward von Furcht verführt.
Jokaste:
Nimm nun nichts mehr von jenem dir zu Herzen.
Ödipus:
Was? Auch der Mutter Bett soll ich nicht fürchten?
Jokaste:
Was fürchtet denn der Mensch, der mit dem Glück
Es hält? Von nichts gibts eine Ahnung, deutlich.
Dahin zu leben, so wie einer kann
Das ist das Beste. Fürchte du die Hochzeit
Mit deiner Mutter nicht. Denn öfter hat

Ein Sterblicher der eignen Mutter schon
Im Traume beigewohnt. Doch wem wie nichts
Das gilt, er trägt am leichtesten das Leben.
Ödipus:
Schön wär all dies von dir gesagt, wenn nicht
Die Mutter lebte. Doch so lang die lebt
Ists hohe Not, so schön du sprichst, zu fürchten.
Jokaste:
Jedoch ein gross Licht ist des Vaters Grab dir.
Ödipus:
Ein grosses, ja. Die Lebende fürcht ich nur.
Bote:
Um welches Weibes willen fürchtest du?
Ödipus:
Meropes, Alter, Frau des Polybos.
Bote:
Was ist es, das euch fürchten macht vor ihr?
Ödipus:
Der Prophezeiung Kraft, göttlich bereitet.
Bote:
Darf oder darf es nicht ein andrer wissen?
Ödipus:
Wohl darf ers wissen. Dies sagt mir der Gott:
Ich müsse mit der Mutter mich vermischen
Entreissen mit der Hand sein Blut dem Vater.
Deswegen bin ich lange von Korinth
Und weit hinweg geflohn, mit Glück, doch ist

Es lieblich auch, zu sehn der Eltern Augen.
Bote:
Bist du aus Furcht davor von da entfremdet?
Ödipus:
Des Vaters Mörder nicht zu sein, noch andres.
Bote:
Da ich im guten Sinn gekommen, König,
Soll ich nicht gleich dich aus der Furcht befrein?
Ödipus:
Und einen Dank, nach meinem Wert, empfängst du.
Bote:
Auch bin ich meist darum hierher gekommen
Dass, wenn du heimkehrst, mir es wohlergehe.
Ödipus:
Nie leb ich nahe denen, die mich pflanzten.
Bote:
Das zeigst du mir: du wissest, was du tust, nicht.
Ödipus:
Wie? Bei dem Göttlichen, Alter, sprich das aus.
Bote:
Willst wegen jener du nach Haus nicht gehn?
Ödipus:
Ich fürchte, dass der Gott mir das verwirklicht.
Bote:
Dass du die Schmach dir auflädst mit den Eltern?
Ödipus:
Das eben, Alter, das, ja, schreckt mich immer.

Bote:

Weisst du es nicht, dass du mit Unrecht fürchtest?

Ödipus:

Wie? Bin ich denn das Kind nicht jener Mutter?

Bote:

Nein, Polybos war nicht von deinem Stamm.

Ödipus:

Was sagst du? pflanzte Polybos mich nicht?

Bote:

Beinahe so etwas wie unser einer.

Ödipus:

Wie das? Ein Vater, der dem Niemand gleich ist?

Bote:

Ein Vater eben, Polybos nicht, nicht ich.

Ödipus:

Wofür denn aber nennt der mich sein Kind?

Bote:

Von meiner Hand empfing er als Geschenk dich.

Ödipus:

Warum aus andrer Hand liebt er mich so?

Bote:

Die Kinderlosigkeit hatt ihn bewogen.

Ödipus:

Hattst du gekauft mich? gabst du mich als Vater?

Bote:

Ich fand dich in Kithärons grüner Schlucht.

Ödipus:
Ziehst du zu etwas um in dieser Gegend?
Bote:
Ich hütete das Vieh auf den Gebirgen.
Ödipus:
Ein eignes oder irrtest du im Taglohn?
Bote:
Ich war dein Retter, Kind, in dieser Zeit.
Ödipus:
Was hatt ich, dass zu Armen du mich zähltest?
Bote:
Der Füsse Glieder zeigen das an dir.
Ödipus:
Was nennst du mir, warum, dies alte Übel?
Bote:
Ich löste dich, da dir die Zehn vernäht warn.
Ödipus:
Gewaltigen Schimpf bracht aus den Windeln ich.
Bote:
So dass genannt du bist nach diesem Ding.
Ödipus:
Kam von der Mutter, kam vom Vater der?
Bote:
Ich weiss es nicht. Und mehr weiss, der dich gab.
Ödipus:
Fandst du mich nicht? Empfingst du mich von
    andern?

Bote:

Nicht selbst. Es gab dich mir ein andrer Hirte.

Ödipus:

Wer ist der? Kannst du deutlich den mir nennen?

Bote:

Er nannte sich von Lajos Leuten einer.

Ödipus:

Der vor mir Herr gewesen dieses Lands?

Bote:

Ja, dieses Mannes Hirte nannt er sich.[33]

Ödipus:

Ist er noch lebend, dass ich sehn ihn kann?

Bote:

Ihr wisst am besten das, die Eingebornen.

Ödipus:

Ist von euch einer, die zugegen sind
Der diesen Hirten kennt, den der genannt hat? [34]
Wer ihn gesehn auf Äckern oder hier
Zeigt es mir an, Zeit ist es, das zu finden.

Chor:

Ich weiss sonst keinen, als den, auf dem Lande
Den du zuvor zu sehen schon verlangt.
Am besten doch möcht es die Frau dir sagen.

Ödipus:

Meinst du nicht, Weib, derselbe, dem wir eben
Gesandt den Boten, sei gemeint von diesem?

Jokaste:

Wer sprach? Von welchem? kehr dich nicht daran.
Und was man sagt, bedenke nicht zu viel es.

Ödipus:

Das bleib mir ferne, dass, bei solchen Zeichen
Ich nicht entdecken wollte mein Geschlecht.

Jokaste:

Bei Göttern, nein, bist du besorgt ums Leben
So suche nicht. Genug erkrankt bin ich.

Ödipus:

Hab guten Mut. Käm ich von dreien Müttern
Dreifach ein Knecht, es machte dich nicht
    schlimmer.

Jokaste:

Nicht das. Ich bitte, folg mir, frag nicht mehr.

Ödipus:

Ich kann nicht, muss genau das jetzt erfahren.

Jokaste:

Ich mein es gut, und sage dir das beste.

Ödipus:

Dies beste doch, es quälet mich schon lange.

Jokaste:

Du Armer, wüsstest nie du, wer du bist.

Ödipus:

Wird einer gehn und mir den Hirten bringen? 35
Lasst diese sich am hohen Stamm erfreun.

Jokaste:
Ju, ju, Unglücklicher! Dies eine kann ich
Zu dir noch sagen, und ein andres nicht mehr. *Ab.*
Chor:
Warum ging, Ödipus, die Frau[36]
Von wilder Qual aufspringend? Ich fürchte, dass
Aus diesem Schweigen mir ein Unheil breche.[37]
Ödipus:
Was soll, das breche. Mein Geschlecht will ich
Seis auch gering, doch will ich es erfahren.
Mag diese Frau, denn gross, wenn die Geburt
Sie hoch gestellt hat, denken Weiber auch
Ob meiner niedrigen Geburt beschämt sein.
Ich aber will, als Sohn des Glücks mich haltend
Das mich begabt hat, nicht verunehrt stehn
Denn es ist meine Mutter, und klein und gross
Im Umgang meiner mitgebornen Monde
Aus niedrigem auftürmt ich mein Geschick
Und so erzeugt werd ich nicht ausgehn anders
Wenn ich mich ganz und wer ich bin ausforschte.
Chor:
Wenn ich Wahrsager bin
Und Vergangenes weiss
Wirst, beim Olympos, du
Nicht allzu spröde, Kithäron
Am morgigen Vollmond sein
Wenn als Landesverwandte

Des Ödipus wir[38]
Und als Mutter erheben dich
Und Nährerin, liebenswürdig
Unserem Fürsten.
Nothelfender Phöbus, dir
Sei das gefällig.

Wer hat dich, Kind, wer hat gezeugt
Von den Langlebenden dich?
Hat eine sich dem Pan genaht
Dem Bergumschweifer
Oder dem Loxias, dem lieb sind all die
Waldhöhn des Lands. Oder Hermes
Oder der bacchische Gott
Der wohnt auf hohen Gebirgen
Hat er als Frucht dich bekommen
Von einer der Nymphen des Helikon
Mit denen er öfters spielt?

Auftritt Diener.

Ödipus:
Darf ich auch, der mit Augen ihn nicht kennt
Ihr Männer, etwas sagen? Jenen Hirten[39]
Glaub ich zu sehn, den lange wir gesucht.
Denn dieser sieht wie langes Alter aus
Wie dieser hier. Auch meine Diener kenn ich

Die Führer. Doch mit ältrer Kenntnis magst du
Mir helfen, sahst vielleicht sonst schon den Hirten.
Chor:
Ich kenn ihn wohl, und kannt ihn so. War einer
Bei Lajos treu, so wars der Mann, der Hirte.[41]
Ödipus:
Dich frag ich erst, den Fremden, von Korinth
Meinst diesen du?
Bote:

               Denselben, den du anblickst.

Ödipus:
Du Alter hier, sieh hierher, sage mir
Was ich dich frage: warst du einst des Lajos?
Diener:
Sein Diener, nicht gekauft, im Haus erzogen.
Ödipus:
Was für ein Werk besorgend, welches Leben?
Diener:
Bei Herden bracht ich meist das Leben zu.
Ödipus:
In welcher Gegend wohntest du am meisten?
Diener:
Kithäron war es und das Land umher.
Ödipus:
Den Mann hier, weisst du nicht, wo du ihn fandest
Diener:
Was war sein Tun? Von welchem Manne sprichst

Ödipus:
Von dem, der da ist. Warst du einst mit ihm?
Diener:
Nicht, um es schnell besonnen dir zu sagen.
Bote:
Kein Wunder ists, doch ich erinnere
Mich wohl des Unbekannten, weiss auch wohl
Dass er es weiss, wie in Kithärons Gegend
Mit zweien Herden er, und ich mit einer
Zusammenkam mit ihm, vom Frühling an
Bis zum Arktur, die Zeit drei ganzer Monde
Im Winter dann trieb ich in meine Ställe
Meins weg, und er zurück zu Lajos Höfen.
Sag ich nicht oder sag ich Wahres davon?
Diener:
Du redest wahr, wiewohl aus langer Zeit.
Bote:
Sag du jetzt, oder weisst dus nicht? du gabst mir
Ein Kind, dass ich zum eignen mirs erzöge.
Diener:
Was ists? wofür sagst du von der Geschichte?
Bote:
Der ist es, jener, der so jung war damals.
Diener:
Gehst du zu Grunde nicht? willst du nicht
    schweigen?

Ödipus:

Du tadle den nicht, Alter, deine Worte
Verdienen Tadel mehr als die von dem.

Diener:

Hab ich gefehlt in etwas, bester Herr?

Ödipus:

Nenn du das Kind, wovon er redet, der hier.

Diener:

Er spricht gedankenlos, ist anderswo.

Ödipus:

Du redest nicht zu Dank. Und redest weinend.

Diener:

Nicht, bei den Göttern, geissle drum mich Alten.

Ödipus:

Wird einer gleich die Hände binden dem?

Diener:

Wofür? ich Unglücklicher! was willst du wissen?

Ödipus:

Gabst diesem du das Kind, wovon er spricht?

Diener:

Ich gabs. Wär ich vergangen jenes Tages!

Ödipus:

Das wird dir auch, sagst du das Rechte nicht.

Diener:

Noch viel mehr, wenn ich rede, bin ich hin.

Ödipus:

Der Mann, so scheint es, will sein Wort behalten?

Diener:

Nicht das. Ich sagte längst, dass ich es tat.

Ödipus:

Wo nahmst dus her? wars eigen oder andern?

Diener:

Mein war es nicht, empfing ich es von einem.

Ödipus:

Von welchem Bürger das? aus welchem Hause?

Diener:

Nicht, bei den Göttern, frage weiter, Herr!

Ödipus:

Du bist verloren, frag ich dies noch einmal.

Diener:

Von Lajos Hause also war es einer.

Ödipus:

Ein Diener? oder jenem anverwandt?

Diener:

Das Schreckliche selbst zu sagen, bin ich dran.

Ödipus:

Und ich zu hören. Dennoch hören muss ich.

Diener:

Von jenem ward es Sohn genannt. Doch drinnen
Mag dir am besten deine Frau das sagen.

Ödipus:

Gab diese denn es dir?

Diener:

Ja wohl, mein König.

Ödipus:

Was mit zu tun?

Diener:

Damit ich es vertilgte.

Ödipus:

Weil sie unglücklich gebar?

Diener:

Aus Furcht vor bösen Sprüchen.

Ödipus:

Und welchen?

Diener:

Es töte die Eltern, war das Wort.

Ödipus:

Warum gabst du zusammen es mit diesem?

Diener:

Zu retten, Herr, dass er in andres Land
Es wegnähm, weit genug. Er rettete aber
Zu grössten Dingen dich, denn bist du der
Den dieser nennt, so bist du unglückselig.

Ödipus:

Ju! Ju! Das Ganze kommt genau heraus.
O Licht! Säh ich zum letzten mal dich nun.
Man sagt, ich sei gezeugt, wovon ich nicht
Gesollt, und wohne bei, wo ich nicht sollt, und da
Wo ich es nicht gedurft, hab ich getötet. *Ab.*

Chor:

Jo! Ihr Geschlechter der Sterblichen

Wie zähl ich gleich und wie nichts
Euch Lebende.
Denn welcher, welcher Mann trägt
Mehr als den Schein vom Glück
Und weiter nicht als der Schein trägt.
Da ich dein Beispiel hab
Und dein Schicksal, Ödipus[42]
Preis ich von Sterblichen keinen glücklich.

Getroffen hattest du es über dein Mass
Und gewonnen durchaus Glück und Reichtum
Mit Zeus, und verderbet sie, die wahrsagende
Sphinx mit der krummen Klaue
Aufstehend in den Toden meines Landes ein Turm
Woher du auch König genannt warst[43]
Und gestellt am höchsten
Im grossen Theben regierend.

Wo hört man aber jetzt von einem, der
Mühseliger war im Wechsel des Lebens
In Arbeit wohnend, in Qualen wild.
Jo! der berühmte Ödipus.[44]
Dem gross genug ein Hafen war
Als Sohn in ihm mit dem Vater
Hochzeitlich zu kreuzen
Wie konnte dich, wie konnte
Des Vaters Saatfeld den Sohn

Stillschweigend dich tragen so weit?
Glücklos hat dich gefunden
Die allesschauende Zeit
Und richtet die Ehe, ehlos
Von alters her, weil sie
Sich mit sich selber gegattet.
Des Lajos Kind!
Hätt ich dich, hätt ich nie dich gesehn!
Ich jammre aber aus dem gleichen
Mund, der über dich frohlockt hat.
Es recht zu sagen: aufatmete ich aus dir
Und eingeschläfert hab ich mein Auge.

5

Auftritt Magd.

Magd:
Ihr Herrn, die ihr allzeit in diesem Land
Geehrt am meisten seid, was werdet ihr
Für Werke hören, sehn, und welchen Jammer
Erheben, wenn, als Eingeborne, noch
Den Kindern Labdakos ihr Sorge gönnt.
Ich meine, nicht der Ister, Phasis nicht
Von allen Flüssen der grösste, den ich weiss[45]
Und der von allem Wasser schleppt das meiste
Wird rein abwaschen dieses Haus, so viel
Birgt es. Gleich aber kommt ans Licht das
    Schlimmste
Das nicht gezwungene. Von Übeln aber
Am meisten schmerzt, was selbst gewählt
    herauskommt.
Chor:
Das ist noch übrig: was wir wissen, sei
Zum Seufzen kleiner Grund? Was weisst du
    grössren?
Magd:
Das schnellste Wort, zu sagen und zu hören:

Tot ist Jokaste, drinnen herrscht sie nicht mehr.
Chor:
Die Unglückliche. Tot? Durch welches Unglück?
Magd:
Sie selber durch sich selbst. Doch ist vom Wort
Das Traurigste entfernt. Der Anblick fehlet.
Doch sollst, so viel mir mein Gedächtnis blieb
Das Leiden du der Mühsamen erfahren.
Denn da in Wut herstürzend sie gekommen
Ins Innere des Hofs, lief sie zum Brautbett schnell
Und riss das Haar sich aus mit Fingerspitzen.
Als sie die Türe hinter sich geschlossen
Ruft sie den Lajos, der schon lange tot ist
Des Samens eingedenk von ihm, von dem
Er tot sei, und die Mutter übrig liess
Die kinderlos nach ihm die Kinder zeugte
Und jammert um ihr Bett, wo sie unglücklich
Den Mann sich aus dem Mann und Kinder bracht
   aus Kindern
Und wie sie drauf umkam, das weiss ich nicht.
Denn schreiend stürzt er, Ödipus, herein[46]
Vor dem man nicht ihr Unglück sehen konnte.
Auf ihn, wie er umherging, sahen wir.
Er brüllt, und will dass einen Speer wir reichen
Dass er sein Weib find, sein Weib nicht, den
   zweifach
Gepflügten Acker, zweifach mütterlich.

Dem Wütenden zeigt es von Dämonen einer
Von Menschen keines, die zugegen waren.
Gewaltig stürzt, wie unter einem Treiber
Und trat auf beide Türen er, und sprengte
Die hohlen Schliessen aus dem Grund und stürzt
In das Gemach, wo hängen wir die Frau sahn
Am Nacken, schaukelnd, mit dem Strick verstrickt.
Wie er sie sieht, laut brüllend, der Verwaiste
Löst er den Strick, und auf die Erde fällt
Sie, nicht mehr leidend. Drauf wars ein Anblick
    schrecklich:
Die goldnen Nadeln riss er vom Gewand ihr
So dass sie überall nicht mehr bedeckt lag
Und stach ins Helle seiner Augen sich und sprach
So ungefähr, das sei, damit er sie nicht säh
Und was er schlimms getan, und was er leide
Damit in Finsternis er säh in Zukunft
Die er zu nah gesehen, seine Nächsten
Nicht kennend die Bekannten, nicht gekannt.
Und so frohlockend stiess er vielmal, einmal nicht
Die Wimpern haltend, in die blutigen
Augäpfel. Die färbten ihm den Bart, und Tropfen,
    nicht
Von Mord vergossen, rieselten, sondern schwarz
Verschüttet ward das Blut, ein Hagelregen.
Aus einem Paare kams, ein paariges Übel.
Ein Übel, zusammen erzeugt von Mann und Weib.

Ihr altes Glück, und wahrhaft wars vor diesem
Ein Glück noch, aber jetzt, am heutigen Tage
Geseufz und Irre, Tod und Schmach, so viel
Von allen Übeln Namen sind, es fehlt keins.
Chor:
Wie wohnt er jetzt, in seiner Nacht, der Blinde?
Magd:
Er schreit, man soll die Riegel öffnen, dass
Man jenen offenbare allen Kadmiern
Mörder des Vaters, seiner Mutter auch[47]
Unheiliges spricht er, was ich nicht sagen darf.
Sich selbst verbannen woll er aus dem Lande
Verflucht, mit eignem Fluch, im Haus nicht
   bleiben.
Der Stärke nun und eines, der ihn leitet
Bedarf er, denn zu gross ist, dass er selbst
Sie trage, seine Krankheit, und gleich zeigt ers dir:
Die Riegel seines Hauses brechen auf
Und einen Anblick wirst du sehen vielleicht
So, dass ein Feind auch seiner sich erbarmt.

Auftritt Ödipus

Chor:
O schrecklich zu sehen ein Schmerz für Menschen
Von allen schrecklichster, so viel
Ich getroffen schon. Was ist, Heilloser

76

Dir gekommen ein Wahnsinn? Welcher Dämon
In grossen Sprüngen geht mit dir um
Treiber in solches Schicksal? [48]
Viel will ich sagen, viel raten
Viel wär zu denken jetzt.
Nicht ansehn kann ich dich aber
Solch einen Schauder machst du mir.

Ödipus:
Weh, ich Unglücklicher. Wohin auf der Erde
Werd ich getragen, ich Leidender?
Wo breitet sich um und bringt mich meine Stimme?
Jo, Dämon, wo reissest du hin?

Chor:
In Gewaltiges, nicht gesehn vor dir, gehört nicht.

Ödipus:
Jo, Nachtwolke mein, du furchtbare
Umwogend, unaussprechlich, unbezähmt
Unüberwältigt, wehe mir
Wie fährt in mich zugleich
Mit diesen Stacheln
Ein Treiben und Erinnerung der Übel.

Chor:
Nicht wunderts mich, dass zweifach du
    aufjammerst
Aus deinem Unglück, zweifach ein Übel trägst du.

Ödipus:
Jo, Lieber, der du mich

Geleitest, noch mir bleibend
Denn jetzt noch duldest du mich
Den Blinden besorgend. Ach, ach,
Denn nicht verborgen mir bist du und wohl
Obgleich im Dunkeln, kenn ich deine Stimme.
Chor:
Der du Gewaltiges tatst, wie konntest du
Dein Auge so beflecken, welcher Dämon trieb dic
Ödipus:
Apollon wars, Apollon, ihr Lieben
Der mein Unglück vollbracht
Hier meine, meine Leiden
Mit meinen Händen aber.
Ich Leidender
Was sollt ich sehn
Dem sehend nichts zu schauen süss war.
Chor:
Es war so, wie du aussagst.
Ödipus:
Was hab ich noch zu sehen und zu lieben
Was Freundliches zu hören? Führt, ihr
Aus der Stadt mich weg und schnell, das grosse
Verderben, den ganz Nichtswürdigen weg
Den Verfluchtesten und auch
Den Göttern verhasst am meisten unter den
   Menschen.

Chor:

Arm bist du im Geschick, im Urteil ärmer.

Wie wünsch ich, dass ich niemals dich gekannt.

Ödipus:

Zu Grunde gehe, wer es war

Der auf der wilden

Weide die Füsse mir

Erlöst hat und vom Mord mich

Errettet und erhielt, zu Dank

Nichts tat er. Denn damals gestorben

Wär ich den Lieben nicht, nicht mir ein solcher
    Kummer.

Chor:

Nach Wunsch wär mir das auch.

Ödipus:

So nicht des Vaters Mörder wär ich

Gekommen, noch der Bräutigam benannt

Von der ich ausging.

Gottlos bin ich nun, Sohn aus Heillosen

Eins im Geschlecht mit den Eltern im Dreibett.

Von allen Übeln alle

Empfing er, Ödipus.[49]

Chor:

Ich kann nicht sagen, dass du aufhörst gut

Denn besser wärs, du lebtest nicht, als blind.

Ödipus:

Da dies nun auch zum besten nicht getan ist

Unterweis du mich nicht und rate mir nichts mehr
Ich weiss es nämlich nicht, mit welchen Augen
Ich ansehn sollt meinen Vater, im Hades, unten
Und auch die arme Mutter. Denen beiden
Ich Mühn vollbracht, die grösser sind als vom
  Strick die Qual
Die Kinder, schön aus Hässlichem erwachsen
Nicht konnt ich die anschaun mit den alten Augen
Nicht Turm und Stadt, die Bilder nicht der Geister
Die heiligen, worum mich Ärmlichsten ihr
So hoch, den einzigen Mann, gehalten. Worum in
  Thebe
Ich selber mich gebracht. Denn selber sagt ich:
All sollen hassen ihn, den Götterlosen
Der als Glückloser deutlich ausgestellt
Durch Götter sei, und sein Geschlecht durch ihn.
Da meinen Schimpf ich also kundgetan
Sollt ich mit graden Augen sehn, die mich sehn?
Mit keinen. Sondern wäre für den Quell
Der mir im Ohr tönt, ein Schloss, ich liess das
  auch nicht
Und schlösse meinen mühevollen Leib
Dass blind ich wär und taub. Denn süss ist wohnen
Wo der Gedanke wohnt, entfernt von allem.
Jo, Kithäron, warum nahmst du mich auf[50]
Und tötetest empfangend mich nicht gleich
Damit ich Menschen nicht verriet, wer ich war.

O Polybos! Und in Korinth ihr Häuser
Ihr väterlichen, nach der Meinung, schön
Erzogt ihr mich, die Wurzel dieser Übel
Verderben streuend vor und hinter mich.
O ihr drei Wege. Du, verborgner Hain
Du Wald und Winkel auf dem Dreiweg, wo
Von meinen Händen ihr mein Blut, des Vaters Blut
Getrunken, denkt ihr mein? was ich für Werke
Getan bei euch, und dann, als ich hierherkam
Was ich dann andres tat? O Ehe, Ehe
Du pflanztest mich. Und da du mich gepflanzt
Mein Acker wardst du, brachtest an den Tag mir
Aus einem Samen Väter; Brüder, Söhne
Weib, Mutter, Tochter ein verwandtes Blut
Schändlichstes, was entstehn kann unter
   Menschen.
Nicht schön, zu sagen, was zu tun nicht schön ist.
So schnell als möglich, bei den Göttern, begrabt
Mich draussen irgend, tötet oder werft
Ins Meer mich, draus ihr nimmermehr mich seht.
Kommt, haltet es der Mühe wert, den Mann
Mühselig, anzurühren — Folgt mir darin!
Habt keine Furcht! So nämlich ist mein Übel
Dass ausser mir es tragen kann kein Mensch.
Chor:
Für deinen Wunsch ist eben Kreon da
Zu handeln und zu raten. Denn er ist

Allein, nach dir, des Landes Wächter übrig.
Ödipus:
Was soll zu diesem für ein Wort ich sagen?
Welch Zeichen gab ich ihm von Treue selbst?
Denn längst bin ich vor ihm ganz schlimm
    befunden.
Kreon:
Nicht als ein Spötter komm ich, Ödipus
Noch von den alten Übeln eins zu schelten.[51]
Wenn du vor sterblichen Geschlechtern nicht
Die Scham mehr hast, so ehre doch die Flamme
Die alles weidende, des Taggestirns.
Nicht darf man unbedeckt ein solches Unheil
Aufzeigen, das die Erd nicht anrührt noch
Der heilige, der Regen und das Licht.
Tragt schnell ins Haus ihn, das verwandte
    Geschlecht
Mag hausen mit dem eingebornen Übel.
Ödipus:
Der Trefflichste, zum Schlechtesten gekommen
Gehorche mir. Um dich, um mich nicht red ich.
Kreon:
Was zu gewinnen, bittest du so laut?
Ödipus:
Wirf aus dem Lande mich, so schnell du kannst
Wo ich mit Menschen ins Gespräch nicht komme.

Kreon:

Schon wärs geschehn, das wisse, wollt ich nicht
Zuerst vom Gott erfahren, was zu tun sei.

Ödipus:

Doch ist von dem genug gesagt das Wort
Dass man verderbe mich Gottlosen, des Vaters
   Mörder.

Kreon:

So ward gesagt, doch, wo wir stehn, im Umschwung
Ists besser, neu zu hören, was zu tun sei.

Ödipus:

Noch um den Mann, um diesen, wollt ihr fragen?

Kreon:

Du auch jetzt magst dem Gott gelehrig sein.

Ödipus:

Auch schreib ich es dir vor und heisse dichs.
Ihr setze in den Häusern, wie du willst
Den Hügel, denn du tust den deinen es
Mit Recht. Doch halt es nicht der Mühe wert
Dass mich die väterliche Stadt lebendig
Zum Mitbewohner habe. Sondern lass
Mich wohnen auf den Bergen, wo berühmt ist
Hier mein Kithäron, den, noch lebend, Mutter
Und Vater mir zum Grabmal ausgewählt
Dass dort ich sterb, wo die mich töteten damals.
Das weiss ich aber, nicht kann Krankheit mich
Nichts sonst zerstören. Nicht wär ich aus Tod

Errettet sonst in dieses riesige Übel.
Doch dies mein Schicksal geh, wohin es will.
Für sie, die Kinder, für die männlichen
Nicht sorge, Kreon, Männer sind sie ja
Und Mangel werden sie nicht haben, wo
Sie sind im Leben. Meine mühevollen
Erbarmungswerten Jungfraun aber, denen
Nie leer von Speis und ohne unser einen
Der Tisch war, die, was ich berührte, teilten
Allzeit, in allem, nehm du der dich an
Auch wohl erlaubst du, zu berühren sie
Mit Händen und das Unglück zu beweinen
Mein König
Aus edlem Stamm. Berühr ich sie
Wirds sein, als hielt ich sie, da ich gesehn.
Was sag ich?
Hör ich, bei Göttern, nicht die Lieben, wie
Sie um mich weinen? Und erbarmend schickt
Sie Kreon mir, die Liebsten meiner Kinder?
Hab ich nicht recht?
Kreon:
Das hast du, eben bring ich sie zu dir.
Ich weiss, von je war dieses deine Freude.
Ödipus:
Gesegnet seist du. Und für diesen Gang
Mag besser dich als mich der Gott geleiten.

Meine Kinder. Wo seid ihr? Kommt hierher.
Kommt
Zu meinen brüderlichen Händen, die
So ausgerichtet haben, wie ihr sie seht jetzt
Die vormals hellen Augen, eurem Erzeuger
Diesem, der unerfahren ganz, unwissend
Ist fruchtbar worden, wo er selbst gepflügt ward.[52]
Beweinen muss ich euch, kann euch nicht ansehn
Wenn ich den Rest des trüben Lebens denk
Und wie Gewalt ihr leiden werdet von Menschen
Wo in den Kreis der Bürger mögt ihr kommen
Zu welcher Feier, wo ihr weinend nicht
Nach Hause geht, statt mit dem Festtagsreigen?
Und wenn ihr auf den Gipfel kommt, in die Hochzeit
Wer wirds euch sein? Wer wagt mit euch den Wurf
Nimmt an den Schimpf, und die von meinen Eltern
Und euren kommen, die Beleidigungen?
Denn welches Übel fehlt euch? Euren Vater[53]
Ermordete der Vater, die Gebärerin
Hat er gepflügt, von der er selbst gesät ward
Und aus dem einen Schoss gezeugt hat euch er
Aus dem er selbst kam. So seid ihr beschimpft.
Und so, wer mag euch freien? keiner wirds,
Ihr Kinder, sondern sicher ist es, dürr
Vergehen müsset ihr und ohne Hochzeit.
O Sohn Menökeus, da allein du aber
Als Vater ihnen übrig bist, denn wir

Die sie gezeugt, ein Paar, sind untergegangen
Verachte nicht die armen männerlosen
Verwandten Irrenden. Du wirst sie nicht
Gleich stellen diesen meinen Übeln, wirst dich
Erbarmen ihrer, dies ihr Alter schauend
Verlassen sind sie ganz. Bei dir steht ihres.
Versprich es, Edler, reiche deine Hand mir.
Euch, Kinder, wenn ihr schon die Sinne hättet
Möcht ich noch vieles raten. Dass ihr leichter
Mögt leben, als der euch gezeugt, der Vater.
Kreon:
Genug, wohin geräts du weinend? Gehe nun
    hinein ins Haus.
Ödipus:
Folgen muss man, freut es auch nicht.
Kreon:

                    Alles ist zur rechten Zeit schön.
Ödipus:
Weisst du, was ich nun will?
Kreon:

            Sprich es aus. Ich weiss es, hör ich es.
Ödipus:
Aus dem Lande sende fort mich.
Kreon:

            Was der Gott gibt, fragst du mich.
Ödipus:
Göttern ganz verhasset bin ich.

Kreon:

        Ist es so, erhältst dus bald.

Ödipus:

Sagst dus nun?

Kreon:

        Eh mir der Gott das in den Mund
            gibt, sag ichs nicht.

Ödipus:

Treib mich aus dem Lande endlich.

Kreon:

        Von den Kindern lass die Hand.

Ödipus:

Diese nicht nimmst du mir.

Kreon:

        Masse nun dir nicht mehr Herrschaft an.

Was im Glück du reich erlangt hast, nicht nach
    unten folgt es dir.

Chor:

Ihr im Lande Thebe Bürger, sehet diesen Ödipus
Der berühmte Rätsel löste, der vor allen mächtig
    war.
Der nicht auf der Bürger Eifer, nicht gesehen auf
    das Glück
Wie ins Wetter eines grossen Schicksals er gegangen
    ist.
Darum schaue hin auf jenen, der zuletzt erscheint,
    den Tag

Wer da mächtig ist. Wir preisen herrlich keinen eh
denn er
An des Lebens Ziel gedrungen alles nicht erfahren
hat.[54]

Heiner Müller   Kommentar

Lajos war König in Theben. Ihm sagte der Gott aus dem Mund der

Priester, sein Sohn werde gehen über ihn. Lajos, unwillig

Zu bezahlen den Preis der Geburt, die kostet das Leben

Riss von den Brüsten der Mutter das Neue, durchbohrte die Zehen ihm

Sorgsam, dass es nicht über ihn geh, und vernähte die dreifach

Gab es, dass der auf dem Tisch der Gebirge den Vögeln es ausleg

Einem Diener, *dieses mein Fleisch wird mich nicht überwachsen*

Und verbreitete so den Fuss, der ihn austrat, durch Vorsicht:

Dem geflügelten Hunger das Kind nicht gönnte der Diener

Gab in andere Hände zu retten in anderes Land es

Dort das hoch Geborene wuchs auf geschwollenen Füssen

Keiner hat meinen Gang, sein Makel sein Name, auf seinen

Füssen und andern seinen Gang ging das Schicksal, aufhaltsam

Jeder Schritt, unaufhaltsam der nächste, ein Schritt ging den andern.

Seht das Gedicht von Ödipus, Lajos Sohn aus Jokaste

Unbekannt mit sich selber, in Theben Tyrann durch Verdienst: er

Löste, weil Flucht vom verkrüppelten Fuss ihm versagt war, das Rätsel

Aufgestellt von der dreimal geborenen Sphinx über Theben

Gab dem Stein zu essen das Menschen essende Dreitier

Und der Mensch war die Lösung. Jahrlang in glücklicher Stadt drauf

Pflügte das Bett, in dem er gepflanzt war, der Glückbringer glücklich.

Länger als Glück ist Zeit, und länger als Unglück: im zehnten

Jahr aus Ungekanntem die Pest fiel über die Stadt her

Solang glücklich, Leiber zerbrach sie und andere Ordnung.

Und im Ring der Beherrschten, das neue Rätsel geschultert

Auf zu grossem Fuss stand, umschrien vom Sterben der Stadt, der

Rätsellöser, warf seine Fragen ins Dunkel wie Netze:

Lügt der Bote, sein Ohr, zu den Priestern geschickt, Mund der Götter?

Sagt der Blinde die Wahrheit, der mit zehn Fingern auf ihn weist?

Aus dem Dunkel die Netze schnellen zurück, in den Maschen

Auf der eigenen Spur vom eigenen Schritt überholt: er.

Und sein Grund ist sein Gipfel: er hat die Zeit überrundet

In den Zirkel genommen, *ich und kein Ende,* sich selber.

In den Augenhöhlen begräbt er die Welt, Stand ein Baum hier?

Lebt Fleisch ausser ihm? Keines, es gibt keine Bäume, mit Stimmen

Redet sein Ohr auf ihn ein, der Boden ist sein Gedanke Schlamm oder Stein, den sein Fuss denkt, aus den Händen ihm manchmal

Wächst eine Wand, *die Welt eine Warze,* oder es pflanzt sein

Finger ihn fort im Verkehr mit der Luft, bis er auslöscht das Abbild

Mit der Hand. So lebt er, sein Grab, und kaut seine Toten.

Seht sein Beispiel, der aus blutigen Startlöchern aufbricht

In der Freiheit des Menschen zwischen den Zähnen des Menschen

Auf zu wenigen Füssen, mit Händen zu wenig den Raum greift.

Textvarianten

Textvarianten entstanden für die Inszenierung im *Deutschen Theater*. um heutigen Zuschauern den Gehalt des Stückes deutlich machen zu können. Es war zu berücksichtigen, dass Vorwissen über antike Mythologie, gesellschaftliche Verhältnisse und menschliches Verhalten nicht detailreich und präzise im Bewusstsein der Zuschauer ist. Daraus ergaben sich einige Veränderungen.

Mit dem Namen Ödipus kommt zugleich sein konkreter Bezug — Schwellfuss — ins Bewusstsein der Stückfiguren, und er kam in das der antiken Zuschauer. Den konkreten Bezug auch heute herzustellen, ist von entscheidender Bedeutung für das Verstehen der Fabel. Das Mal der Aussetzung durch die Eltern Lajos und Jokaste, gegen das und mit dem sich Ödipus aufgebaut hat, das Mal, das von den Thebanern als körperliches Zeichen dieses Tyrannen respektiert wird, solange er Glücksbringer der Stadt ist, das Mal, das nicht mehr respektiert wird, als ausgeforscht ist, was die verkrüppelten Füsse bedeuten, sollte immer wieder eindeutig markiert werden. Deshalb wurde auch, nach Erfahrungen in der Probenarbeit, für die Aufführung „Ödipus" mit „Schwellfuss" übersetzt (Varianten 1, 2, 3, 17, 18, 22, 23, 31, 32, 36, 38, 42, 44, 46, 49, 51).

Ödipus als König zu bezeichnen, schien hinderlich, die Herrschaftsform Tyrannis richtig zu verstehen. Gegenüber dem Buchtext wurde „König" durch „Tyrann" oder „Herrscher" ersetzt, jedoch dort beibehalten, wo im Original die Vokabel steht, der in der deutschen Sprache nur „König" entsprechen kann (Varianten: 8, 14, 16, 21, 24, 26, 27, 43).

In der Inszenierung wird „Diener", nicht „Hirte" gesagt, um den einzigen überlebenden Zeugen des Mordes an Lajos wiederholt und deutlich in seiner ursprünglichen Tätigkeit zu kennzeichnen (Varianten: 28, 33, 34, 35, 39, 40, 41).

Änderungen erfolgten, um den Orakelort Delphi und seine Bindung an den Gott Apollon leichter verfolgen zu können (Varianten: 10, 11, 20).

Weiterhin waren Erfahrungen zu berücksichtigen, die sich aus den Proben mit den Schauspielern ergaben. Änderungen am Text, die so entstanden, sind im wesentlichen vorgenommen worden, um den Schauspielern dieser Aufführung — mit ihren besonderen Eigenschaften und Fähigkeiten — eine klare gestische Haltung zu ermöglichen (Varianten: 4, 5, 6, 7, 12, 13, 15, 19, 25, 29, 30, 37, 45, 47, 48, 52).

In zwei Textpassagen des *Ödipus* wurde gestrichen. Für den Rückblick des Ödipus auf seinen Weg konnte in der Probenarbeit kein Gesichtspunkt gefunden werden, der die Fabel weiterführt (Variante: 50). In der Ödipus-Replik mit Gedanken über die Zukunft seiner Kinder in der Folge seiner Ablösung als Tyrann wurde die Handlung stärker auf das Verhältnis der Thebaner zu Ödipus konzentriert (Variante: 53).

Nachdem Philologen darauf hingewiesen, dass strittig sei, ob Sophokles den Epilog dem Chor oder Ödipus zugewiesen hätte, bekam in der Inszenierung des *Deutschen Theaters* Ödipus den Text, den anfangs, wie in den meisten bisherigen Aufführungen des Stückes, der Chor sprach. Indem Ödipus für den Epilog allein auf der Bühne bleibt, kann in der Aufführung seine Isolierung am Ende seiner Geschichte deutlich gezeigt werden. Zugleich wird durch Ödipus, der hier von sich in der dritten Person spricht, sein Fall objektiviert (Variante: 56).

1 Mit Ruhm benannt nach meinem Übel
Schwellfuss

2 Du Herrscher meines Landes, Schwellfuss,
sieh
Am Boden uns hier, Junges, weit noch nicht

3 Jetzt aber auch, o Haupt auf solchem Fuss

4 Was sagen soll, um dieser Stadt zu helfen.

5 Des Kreon Ankunft diese dort mir an.

6 O Kreon, Sohn Menökeus

7 Willst du es hören hier, wo die umher sind?

8 Uns war, o Herrscher, Lajos vormals Herr

9 In solche Frechheit ging der Räuber nicht da
Wars nicht um Silber hier aus der Stadt von
einem

10 Delphi, was bist du für eins von Apollon

11 Der Götterspruch, der delphische, mir deutlich

12 Ein zweites, willst du hören, werd ich sagen

13 Tiresias. Von dem wär das zu hören

14 Eh wir die Mörder Lajos, Herrscher vor mir

15 Ich sehe, wie der Stadt zum Schaden geht

16 Im Zorn gesagt, Tyrann, und deine Worte

17 Ihn, Schwellfuss, und seinen landweiten
Ruhm.

18 Dass mich beschuldigt Schwellfuss, der Tyrann.

19 Trieb damals schon wie jetzt der Seher seine
   Kunst?

20, Nimm diesen Vorwurf, geh damit nach Delphi

21 Und schnell zu denken, Tyrann, leicht ists zu
   schnell.

22 Glaub, bei den Göttern, glaub ihm, Schwellfuss, Mann

23 Aus welcher Furcht kommt, Schwellfuss,
   deine Frage?

24 Und was? Mich ängstet, seh ich so dich,
   Herrscher.

25 Ich fürchte vor mir selbst mich, Weib, Dass
   man

26 auch ich wohl, was dir Schlimmes aufkommt, Herrscher.

27 Uns auch, Tyrann, ist das furchtbar. Bis du
   aber

28 Den einen Mann, den Diener, abzuwarten.

29 Mein König, den der Gott selbst, Loxias

30 Nichts mag hier, was dir nicht gefällt, geschehn.

31 Denn aufwärts biegt er, Schwellfuss, seinen
   Mut

32 Des Königs Häuser sind, Schwellfuss benannt?

33 Ja, dieses Mannes Diener nannt er sich.

34 Der diesen Diener kennt, den der genannt hat?

35 Wird einer gehn und mir den Diener bringen?

36 Warum ging, Schwellfuss, deine Frau

37 Aus dieser Klage mir ein Unheil breche.

38 Des Schwellfuss wir

39 Ihr Männer, etwas sagen? Jenen Diener

40 Wie dieser. Doch mit ältrer Kenntnis magst du
Mir helfen, sahst vielleicht sonst schon den Diener

41 Bei Lajos treu, so wars der Mann, der Diener

42 Und dein Schicksal, Schwellfuss

43 Woher du auch Tyrann genannt warst

44 Jo! der Berühmte, Schwellfuss

45 Der grösste von den Flüssen, die ich weiss

46 Denn schreiend stürzt er, Schwellfuss, jetzt herein

47 Mörder des Vaters, seiner Mutter

48 Treibt in solches Schicksal?

49 Empfing er, Schwellfuss, ich.

50 (Die folgenden neunzehn Verszeilen wurden für die Aufführung gestrichen.)

51 Nicht als ein Spötter komm ich, noch zu schelten
Von deinen alten Übeln, Schwellfuss, eins.

52 Ist fruchtbar worden, wo er selbst gepflanzt
   ward.
53 (Die folgenden siebzehn Verszeilen wurden
   für die Aufführung gestrichen.)
54 (In der Aufführung: Ödipus statt Chor.)

Ein Gespräch über Ödipus, Tyrann

Im Pankower Klubhaus Erich Weinert finden regelmässig Gespräche über kulturelle Geschehen statt. Die Teilnehmer sind miteinander bekannt. Mitarbeiter des *Deutschen Theaters* werden häufig zu Diskussionen über Aufführungen eingeladen.

Im April 1967, einige Wochen nach der Erstaufführung, fand vor etwa dreissig Teilnehmern ein Gespräch über *Ödipus, Tyrann* in der Inszenierung Benno Bessons mit dem Ensemble des *Deutschen Theaters* statt.

Für die Veröffentlichung wurde eine Tonbandaufzeichnung redigiert und gekürzt.

B. Wir haben uns bemüht, ein berühmtes Schicksal konkret zu fassen, Wir haben uns zunächst um den Werdegang von Ödipus und nicht um das vorbestimmte Schicksal gekümmert. Wir haben versucht, die konkreten Fakten herauszufinden, und wir sind auf gesellschaftliche Punkte gekommen, hauptsächlich gesellschaftliche Punkte, die dieses Schicksal ausmachen. Es schien uns wesentlich, eine vom Schicksal verhängte Geschichte zu untersuchen, konkret zu fassen, und zwar eine, in der das Schicksal scheinbar den ganzen Verlauf bestimmt, deshalb haben wir uns gerade für *Ödipus, Tyrann* interessiert.

M. Ein Schicksal erscheint in diesem Stück nicht bloss objektiv determiniert, nicht nur durch Orakel ausserhalb des Menschen bestimmt. Sichtbar wird in der Geschichte auch, und wir haben uns bemüht, das in der Aufführung zu zeigen: Da ist einer, der sich zu einer objektiven Determiniertheit — heute sagen wir historische Gesetzmässigkeit — verhält.

Ödipus fällt eine ganze Reihe von Entscheidungen. Er entschliesst sich zum Beispiel, in die Welt des reinen Gedankens zu gehen und sticht sich die Augen aus. Diese Lösung, die nicht zwangsläufig ist, können wir nicht empfehlen, obwohl wir den Wert des Suchens nach einer bestimmten Art Denken, nach abstraktem Denken, durch Ödipus nicht in Frage stellen; denn abstraktes Denken half im Jahrhundert des Sophokles in Europa die Mathematik begründen. Sich zu blenden, entschliesst sich Ödipus in eigener Entscheidung, nur subjektiv ist dieser Schritt determiniert. Sieht man das Stück genauer an, muss man die Bestimmung von *Ödipus, Tyrann* als reine Schicksalstragödie verwerfen, die die bürgerliche Wissenschaft vornahm. Das Schicksal wird im Stück nicht so gezeigt, als sei der Mensch nur den Gewalten von Göttern oder irgendwelchen Kräften ausserhalb seiner selbst unterworfen. Und es entspricht dem Jahrhundert des Sophokles, den Menschen mehr und mehr nicht nur als Objekt der Geschichte zu sehen.

Kann man gerade heute eine so wichtige Phase der menschlichen Kultur wie die griechische Antike ausser acht lassen? Dort vollzog sich der Prozess, in dem sich die Klassengesellschaft herausbildete und in Verbindung damit die individuellen Kräfte des Menschen. Da beginnt eine Entwicklung, die spätere Jahrhunderte bestimmte, in denen Individuen sich zunehmend in Widerspruch zur Gemeinschaft, zur Gesellschaft setzten. Erst Marx sieht diesen Widerspruch historisch, macht ihn positiv bewusst, und wir versuchen, ihn im Sozialismus produktiv aufzuheben. Wir hielten es deshalb für anregend, heute mit dem *Ödipus* den Ausgangspunkt dieser Entwicklung zu zeigen. Die Antike ist überschaubarer als spätere gesellschaftliche Perioden, die auf ihr aufbauen. Im Ödipus wird mit einer individuellen Geschichte zugleich eine bestimmte Gesellschaft im Wesen erfasst.

Nur über das historische Verständnis vergangener Phasen der Geschichte kann es heute zu einem Selbstverstehen des Menschen kommen.

B. Der Vorgang im *Ödipus* ist einfach, nicht kompliziert, aber wie er geschieht, das ist für uns höchst kompliziert. Als ich die Identität des Ackers und des Geschlechts der Jokaste entdeckte, war das für mich von ungeheurer Bedeutung. Es gibt vieles, das für uns nicht unmittelbar verständlich ist: Warum will der Tiresias nicht die Wahrheit sagen? Warum geht plötzlich der Ödipus schnurstracks auf Kreon los? Warum deutet Kreon sofort, es ginge um die Blutschuld von Lajos? Warum nimmt Ödipus so schnell an, Polybos sei sein Vater? Warum sticht Ödipus sich die Augen aus? Warum beweist Ödipus sich plötzlich als einen Sohn des Glücks?

R. Vielleicht ergeben sich diese Fragen aus Beziehungen des Stücks zu Legenden, die wir gar nicht mehr kennen, das Stück behandelt eine sehr lange Periode.

B. Da sind tausend Jahre Entwicklung in der Fabel enthalten.

R. Eine lange Periode ist poetisch konzentriert, vieles wissen wir nicht mehr, weil es aus der konzentrierten Form des Stückes nicht mehr beziehbar ist.

Wirkung der Selbstblendung

B. Wertvoll für uns wäre zu wissen, welche konkreten Details haften bleiben. Ein Beispiel, damit Sie verstehen, was mich interessiert. Ich hatte vor unserer keine Inszenierung des *Ödipus* gesehen und fragte Bekannte, was sie von Aufführungen in Erinnerung behalten hatten. Alle erzählten mir immer — gleichgültig, welche Inszenierung sie gesehen hatten —, wie Ödipus mit blutigen Augenhöhlen, mit zerschundenem Gesicht aus dem Haus gekommen sei. Es wäre grossartig grausam, schrecklich gewesen, als Ödipus aufrecht, mit zerstochenen Augen, die Treppe heruntergekommen sei. Sonst wussten sie konkret überhaupt nichts weiter. Wir haben uns bemüht, diesen Auftritt nicht so zu zeigen, dass er als Hauptbild haften bleibt. Die Zuschauer sollen noch denken können, was da geschieht; statt, dass sie immer nur das Bild des Verunstalteten sehen, sonst nichts, und keine Deutung für den Vorgang haben. Die von mir Gefragten wussten nicht, was das haftengebliebene Bild zu bedeuten hätte. Sie waren der Meinung, eigentlich müsste Ödipus tot sein. Denn er sei ins Haus gegangen, sich zu töten, sich zu strafen. Dann kam er aus dem Haus, geblendet. Wie wirkt in unserer Aufführung diese Szene auf Sie?

K. Sie wirkte so, wie Sophokles es wollte.

B. Weiss ich, was der Sophokles wollte?

A. Ich fand das Gesicht nicht so schrecklich und die Szene gar nicht so intensiv.

V. Einen Schock löst der geblendete Ödipus nicht aus.

X. Die Spannung empfand ich als erhöht, aber das war wohl nicht beabsichtigt, oder doch?

B. Uns interessierte zumindest zu zeigen, wie einer auftritt, der plötzlich keine Augen mehr hat, hilflos, wie eine blinde Katze. Zumindest kann einer, der keine Augen mehr hat, schwerer gehen als einer, der Augen hat. Und es wird im Stück beschrieben, dass Ödipus aus dem Hause bricht. Das haben wir ernst genommen, und nicht gezeigt, wie ich von anderen Inszenierungen hörte: Die Tür ist offen und Ödipus tritt nobel aus dem Haus.

A. Aber die Wirkung ist nicht, dass man einen Menschen ohne Augen so sieht wie eine blinde Katze.

B. Zumindest sieht man einen, der Hilfe braucht.

K. Er erregt mehr Mitleid, als ein toter Mensch.

Zweck der Selbstblendung

B. Sicher. Aber das Mitleid wird dann vom Chor abgefangen und überwunden. Der Chor verhält sich so, dass er immer härter wird zu Ödipus. Er sagt ihm Sachen, die sind nicht

von Pappe. Er beschimpft ihn richtiggehend.
Und er bestreitet den Wert seiner letzten Tat.
Ich frage, ist da Platz für Läuterungen? Zweitens steht im Text deutlich, dass Ödipus sich in vollem Bewusstsein, nicht in einem leidenschaftlichen Rausch die Augen ausstach, dass er etwas damit beabsichtigte. ,,Und so frohlockend, stiess er vielmal, einmal nicht / Die Wimpern haltend, in die blutigen / Augäpfel.'' ,,Vielmal, einmal nicht'', steht da. Es war eine rituelle Handlung, die Ödipus vollführte, kein Akt der Leidenschaft oder Verzweiflung.

K. Nein, der Sühne.

B. Sühne, wo steht das? ! Im Text steht etwas anderes. Die Magd berichtet, Ödipus sagte zweierlei: ,, . . . damit er sie (Jokaste, Red.) nicht säh / Und was er schlimms getan, und was er leide / Damit in Finsternis er säh in Zukunft / Die er zu nah gesehen, seine Nächsten''. / Seine Tat war verknüpft mit der Hoffnung, dass er wieder eine Lösung habe, dass er mit dieser Lösung weiter wachse. Von Sühne oder Strafe ist keine Rede! Er hofft, dass er im Dunkeln sieht, was er sonst nicht gesehen hat: ,,Denn süss ist wohnen / Wo der Gedanke wohnt, entfernt von allem.'' Man kann doch nicht sagen, diese Äusserungen seien ein belangloser Kommentar, sie hätten mit der Tat nichts zu tun. Sie sind, so meine ich, ein deutlicher Hinweis auf das, was Ödipus wollte, als er so handelte. Er wollte nicht sühnen, er wollte weiter nützen.

A. Ich weiss nicht, ob er weiter nützen oder sich neu aufbauen wollte.

B. So kann man es auch sagen.

K. Er wollte sich also neu aufbauen, eine Form finden, in der ein Weiterleben für ihn möglich ist; nicht sich neu aufbauen gegenüber der Stadt, sondern für die Stadt.

B. Ödipus will weiter nützen. Er meint die Wahrheit zu sehen und das, was zu tun sei. Er gibt weiter Befehle und Auskünfte, wenn er aus dem Haus kommt. Die Befehle werden nicht mehr befolgt, aber er bleibt stur bei seinen Befehlen: ,,Auch schrieb ich es dir vor und heisse dichs'', das sagt er noch nach Kreons Hinweis, dem Gott gelehrig zu sein.

Dann sagt ihm Kreon endlich: ,,Von den Kindern lass die Hand.'' / ,,Masse nun dir nicht mehr Herrschaft an.'' Und wenn Kreon so spricht, meint er nicht nur die Kinder des Ödipus, sondern zugleich die Kinder des Landes — hier stossen wir wieder auf die für uns ungewohnte Identität. Ödipus will weitermachen! Es ist nicht so, dass er geläutert dasteht. Er muss zum Abgang gezwungen werden. Seine Nützlichkeit, die er weiter zu behaupten sucht, wird nicht mehr anerkannt. Man kann sagen, er will sich aufbauen, aber in einem bestimmten Sinn. Dieser Schluss mag auch eine Läuterung sein, aber nicht zu verstehen im Sinne von Sühne, der Begriff Sühne stimmt auf keinen Fall, ist vom Text her durch nichts zu belegen.

K. Was der Zuschauer zu verstehen hat, ist aber nicht zu erklären durch das, was die Figur über sich sagt.

B. Mag sein. Ich halte es aber zumindest für aufschlussreich. Immerhin wird das Verhalten des Ödipus von anderen Figuren aufgenommen. Zum Beispiel wird das Mitleid mit dem Geblendeten vom Chor sofort aufgenommen. Der Chor drückt das Mitleid mit Ödipus zuerst aus und führt dann sich und das Publikum dazu, gegenüber den Entscheidungen des Ödipus kritisch zu werden. Deshalb ist bei uns das Aufbrechen der Tür der Hauptakzent und nicht das Hervorheben des zerstörten Gesichts. Ödipus bricht gewaltsam heraus, während alle andern ihn im Haus haben wollen.

Wo ist die Sühne ablesbar, wenn er sich nicht bestrafen wollte? Wer wollte ihn sonst bestrafen? Man hat interpretiert, die Götter. Da kann man doch nicht von Sühne sprechen. Der Chor, Kreon — keiner will ihn bestrafen.

K. Es ist nicht Sühne im Sinne von Strafe.

B. Sondern?

K. Sühne im Sinne von Erfüllen des Schicksals.

B. Und was ist das konkret, nicht abstrakt?

A. Aber gibt es nicht die Möglichkeit, durch Sühne zu einem gewissen Neuaufbau zu kommen?

B. Das wäre doch dann lediglich etwas subjektiv von ihm Gewolltes.

A. Natürlich wird das von ihm subjektiv gewollt.

B. Aber er sagt doch, wie zitiert, ganz deutlich, was er wollte. Und das war nicht Sühne. Also wenn nicht er, dann muss die Sühne doch jemand anders wollen. Die Götter?

Selbstblendung und Schicksal

K. Schicksal — ist das nicht eine Kategorie, die zu Recht benutzt wird?

B. Ich kann diese Kategorie nicht unbesehen annehmen; ich will wissen, was diese Kategorie bedeutet, was sie konkret zum Inhalt hat.

116

H. Wenn man um Gesetze, die das Leben der menschlichen Gesellschaft bestimmen, nicht wusste, so suchte man die Erklärung im Schicksal.

B. Ja. Aber das führt nicht zwangsläufig zur Blendung?

H. Doch, es ist ein Versuch in die Gesetzmässigkeiten einzudringen. Sie haben doch vorhin selbst zitiert: „Damit in Finsternis er säh in Zukunft". Das ist ein individueller Wunsch, ein bisschen hinter die Gesetze zu kommen.

B. Ja gut. Da bin ich einverstanden. Aber in der Bewegung sehe ich keine Sühne.

H. Ich habe nie etwas von Sühne gesagt.

K. Ödipus geht es um das Erfüllen des Schicksals und er macht dazu einen neuerlichen Versuch. Im Grunde war sein Schicksal, geboren zu werden und König zu werden. Und die Selbstblendung ist ein Bemühen, die Initiative wieder in die Hand zu nehmen und selber wieder an dem Punkt anzusetzen, an dem das Stück begann: Ich habe selber mehr getan, als das Schicksal mir auferlegt. Möglicherweise wäre auch das die Antwort.

M. Interpretieren Sie nicht zu frei, das heisst, ohne sich auf die Fabel oder den Text zu stützen? Und arbeiten Sie nicht im Wesentlichen doch mit Begriffen, die historisch später eingeführt wurden, mit Begriffen, die das Christentum bei der Aneignung der Antike einsetzte oder die Schiller in der ästhetischen Auseinandersetzung mit der antiken Kunst benutzte? Mit diesen Begriffen ist aber vielleicht die antike Welt nicht wirklich zu fassen. Ich bin sehr misstrauisch, wenn mit Begriffen wie Erfüllung oder Sühne gegenüber der Antike operiert wird, die mit diesen Kategorien nicht arbeitet, oder wenn der Schicksalsbegriff der Antike mit späteren Bedeutungen belegt wird.

K. Aber Sie sind doch ständig dabei, neue Kategorien einzuführen?

B. Welche?

K. Zum Beispiel etwas hinter den Vorgängen zu suchen.

B. Ja, das unbedingt. Wir suchen aber nicht Kategorien. Wir suchen Konkretes.

M. Wir suchen, was an gesellschaftlichen Fakten in den Vorgängen der Geschichte steckt. Und wir suchen, was aus der Antike heraus begreifbar ist — für uns.

B. Was steckt zum Beispiel in dem in Orakel-
form verkündeten Gesetz, dass Ödipus den
Vater töten und die Mutter heiraten würde?
Steckt in dem, was wie drohendes Schicksal
aussieht, nicht die uralte legitime Art, an die
Macht zu kommen? Steckt also im Orakel
statt einer Drohung nicht vielmehr eine bestimmte Empfehlung? Historisch konnte
man durch Mord auf den Thron kommen,
einen Thron rauben. Wenn man auf den
Thron kam, ging man über die Herrscherin.
Und es war nichts Schlimmes, den Thron
selbst vom Vater zu erobern.

Zum Mord an Lajos habe ich in der landläufi-
gen Interpretation immer nur gelesen: Ödipus
trifft zufällig einen Mann und erschlägt ihn
im Zorn. Das stimmt aber nicht mit der Schil-
derung überein, die im Stück gegeben wird.
Ödipus beschreibt die Begegnung wie eine
rituelle Handlung. Ähnlich wie in existieren-
den Berichten, nach denen der junge König
den alten in einem rituellen Kampf erschlagen
hat. Ödipus weiss, er hat einen Mann erschlagen, der mit einem Herold, mit Volk und in

Eisen ging. Er weiss also, er hat nicht irgendwen, sondern einen Herrscher erschlagen.
Und unmittelbar danach besiegt er die Sphinx
und kommt auf einen Thron.
Auch sein Zorn ist so eine Sache. Was war das
für ein Zorn? Wieso betätigt Ödipus sich
plötzlich wie ein grosser Kämpfer und macht
fünf oder sechs Leute nieder? Ist da nicht die
alte Art, an die Macht zu kommen, indem
man sich als der körperlich stärkere Kämpfer
erweist?

K. Ich habe ihm keinen Augenblick vorgeworf-
fen, dass er irgendwen umgebracht hat. Einen
Herrscher umzubringen, ist nach den Gesetz-
zen der Alten kein schuldhaftes Verbrechen,
also nicht etwas, das man Ödipus vorzuwerf-
fen hätte.

B. Da stimme ich Ihnen zu.

K. Die einzige Schuld ist hingegen wohl das
Brechen eines Tabus: den Vater umgebracht
zu haben und die Mutter zu ehelichen.

B. Das war aber damals überhaupt kein Tabu. Es wurde erst eins in späteren Zeiten. Das Schicksal des Ödipus ist, wenn Sie so wollen, dass er rückfällig wird, alten Gesetzen verfällt, die nicht mehr gültig waren, während er behauptet, nach neuen angetreten zu sein. Als Ödipus nach Theben kommt, erfährt er, der Herrscher wurde gerade auf einer Reise nach Delphi erschlagen. Aber darüber wird offensichtlich überhaupt nicht nachgedacht. Ich kann dem Sophokles nicht so misstrauen, dass ich sage, das spielt alles überhaupt keine Rolle, Ödipus hätte einfach den Mord vergessen, sei nach Theben gekommen, hätte einen leeren Thron vorgefunden, Gott sei Dank, und sei nur schnurstracks ins Bett gekrochen. Ich finde es viel ergiebiger, wenn man alle Momente aufrechterhält und wenn dann die Frage entsteht, warum wird soviel vergessen? Aber Vergessen als aktives Moment und nicht als dichterische Konvention!

Die Leute im Athen des fünften Jahrhunderts konnten denken, real denken, man konnte ihnen nicht ein X für ein U vormachen. Wenn ich die Plastiken der Griechen kenne, den Thukydides oder den Platon kenne und dann Interpretationen lese, dass Ödipus alles vergessen haben solle, also nicht wusste, dann sage ich mir, das müssen wohl zwei Welten sein. So gegensätzliche Werke sollten Leute in der gleichen Zeit Künstlern abgenommen haben? Die Griechen hatten einen sehr realen politischen Sinn. Es wäre eine Unterschätzung der Griechen, wenn man einfach meinen würde, man brauche nichts von alledem zu berücksichtigen.

K. Haben Sie diese Gedanken bei der Inszenierung gehabt?

B. Ständig.

K. Sie dachten also an eine stillschweigende Übereinkunft, dass die Handlungsweise des Ödipus gut sei, eine Übereinkunft des politischen Verantwortungsbewusstseins aller.

B. So ist es. Solange es in Theben gut ging, haben ihm die Thebaner eingeredet, er sei gut, sei ein Glücksbringer. Mit der Pest entsteht plötzlich der Vorwurf, warum nicht nachgeforscht wurde. Ödipus wehrt diesen Vorwurf ab, weist auf seine Verdienste, das Besiegen der Sphinx hin, beginnt dann aber sofort nachzuforschen. Jetzt sagt Kreon:

„Was gesucht wird / Das fängt man. Und was übersehn wird, bleibt." Das sind Worte eines verantwortlichen Staatsmanns. Ebenso sind es verantwortliche Worte eines Staatsmanns, wenn Ödipus auf Kreons: „Wenn aber du nicht weisst" mit „Man muss doch herrschen" antwortet.

Auf Grund des sichtbaren politischen Verantwortungsbewusstseins aller sind wir den konkreten Details nachgegangen und haben versucht, jedes Detail ernst zu nehmen und nicht obenhin von dichterischen Freiheiten oder Konventionen zu sprechen.

A. Wenn Ödipus das alles gewusst hätte und ein kluger Kerl gewesen ist, dann hätte er doch das Orakel selber befragen sollen und nicht die Möglichkeiten zulassen dürfen, dass die Sache gegen ihn ins Rollen kommt.

B. Wir haben uns auch gefragt, wieso schickt er den Kreon und bekennt sich öffentlich gross zu dieser Tat. Um diese Frage als Frage deutlich zu machen, haben wir in der Aufführung diese Szene gross inszeniert. Aber kann der Zuschauer den Sinn unserer Akzentuierung ablesen?

*Widersprüchliche Schlüsse des Ödipus beim Auf-
decken seiner Geschichte*

K. Im Stück ist es doch so: Jemand befindet sich
   auf dem Gipfel des Glücks und er gerät in
   eine schwierige Situation, in der er gezwungen ist, in der Vergangenheit zu bohren, einen
   Schuldigen zu suchen; gegen alles Erwarten
   stösst er auf die Entdeckung, dass er selber
   irgendwann einmal eine Schuld auf sich gela-
   den hat, von der er gar nichts wusste. Das zu
   spielen, wäre denkbar — man müsste den Text
   auf diese Sicht hin einmal abklopfen.

B. Das würde die Sache, um die es im Stück
   geht, nur auf ihren ethischen Gehalt reduzie-
   ren.

K. Und auf das tragische Geschehen.

B. Ja, das aber dann nur auf der ethischen Ebene
   ausgetragen wird. Dagegen spricht viel.
   Sie sagen, Ödipus stösst auf etwas, wovon er
   nicht gewusst hat — das ist schon fraglich.
   Der Mann ist klug. Er heisst Schwellfuss; er
   hat seine Füsse, und er hat immerhin einen
   Herrscher erschlagen. Er weiss also eine
   Menge. Was mich interessiert: Wieso vergisst
   er soviel, wieso vergessen die Leute soviel.
   Das finde ich erstaunlich. Und: Wieso kommt

die Sache so langsam zutage, wieso muss sie zutage kommen? Diese Vorgänge interessieren mich. Ich leugne keineswegs: Es ist tragisch, dass Ödipus untergeht, beim Aufdecken all der Dinge untergeht. Zur Tragödie gehört auch, wie er untergeht, wie er aufdeckt, wie er auch zudeckt, was er auslässt beim Aufdecken. Ödipus findet immer weniger, je näher er am Ziel ist, Fakten nimmt er immer weniger auf, wird immer abstrakter. So wähnt er sich am Ende ein Kind des Glücks. Ödipus, ein Mann mit einem voll ausgebildeten Intellekt, der Schlüsse ziehen kann, besitzt alles Material, um richtig zu schliessen und schliesst doch falsch: Er sei ein Kind des Glücks, schliesst nicht, er sei das Kind der Jokaste. Das alles ist doch sehr bedeutsam.

Kritische Sicht auf oder Mitleid mit Ödipus

K. Da ist beim Ödipus eine widersprüchliche Haltung, die für jedermann verständlich ist. Es ist normal, dass, wer seine eigene Schuld entdeckt, nach Gründen sucht, diese Schuld von sich zu werfen. Ödipus stellt Behauptungen zu seinem Schutz auf. Zur gleichen Zeit glaubt er an sie aber selbst nicht und bohrt immer weiter, um sich selbst den Beweis zu liefern, er habe doch recht; denn er spürt, er hat noch nicht recht mit seiner Schutzbehauptung, dass Ödipus dieses Bedürfnis hat, rückt ihn in ein günstiges Licht.

Hier ist eigentlich der entscheidende Punkt, an dem ich Ihrer Konzeption nicht zustimmen kann. Ihre Absicht ist doch, diesen Mann kritisch zu sehen, ihn sozial zu situieren, sein Verhalten aus seiner Königswürde zu erklären. Oder? Das ist doch die Absicht der Inszenierung. Sie ist auch erkennbar, wenn gleich sie mich nicht überzeugt. Ich lehne ab, dass Sie nach allem suchen und alles deutlich herausstellen, was geeignet ist, den Zuschauer dem Ödipus gegenüber in eine kritische Haltung zu führen. Ich glaube, dass eben dies eigentlich verfehlt ist, weil es niemals über einen bestimmten Punkt hinausgehen kann, weil es niemals stärker sein kann als mein Mitleid; ganz im guten, alten klassischen Sinn habe ich Mitleid mit dem Mann. Ich finde, man sollte sich dazu bekennen.

B. Dagegen spricht nichts, dass man Mitleid mit Ödipus hat. Nur, bei allem Mitleid wäre es wünschenswert, dass der heutige Zuschauer

Ödipus noch sieht, wie er ist. Nämlich, wenn er weiter forscht, wie Sie richtig sagen, ist auch aufschlussreich, wie er forscht: Unter dem Druck der Stadt, des Chors und aller, die fordern, er solle sich der Stadt erhalten. Die Stadt kann ihn nicht aufgeben. Der Chor kämpft wie ein Berserker. In dem Moment, da Ödipus sagt: „Das ist nun deutlich, weh mir", in dem Moment, in dem er sich als möglicher Mörder hinstellt, sagt der Chor: „Uns auch, König, ist das furchtbar. Bis du aber / Es weisst von einem, der dabei war, hoffe." Ödipus bekommt also vom Chor einen Befehl, und er fügt sich diesem Befehl. Übrigens wäre noch zu untersuchen, inwieweit wahr ist, dass ein Mann gesucht wird, der der Mörder des Lajos ist.

Ödipus — Herausbilden des Individuums

Für uns heute ist in der Geschichte des Ödipus interessant: Ein Individuum bildet sich aus, das ist das historisch Neue, und zwar bildet es sich ungeheuer extrem aus. Ödipus schneidet sich sogar von der äusseren Welt ab und konstituiert sich im Reich des reinen Gedankens, im platonischen Sinne. Er findet oder erfindet das Reich der Abstraktion; er meint das Reich der Wahrheit zu finden, er findet aber das Reich der Abstraktion — das ist übrigens eine grosse Erfindung.

Allerdings wenn Ödipus bei dieser Forschung Ich sagt, meint er nie sich allein, im egoistischen Sinne wie ein heutiger Mensch. Er trägt das Ganze, er denkt für alle — das Ganze ist er. Er gibt eine Identität in seinem Bewusstsein zwischen dem Ganzen und ihm selbst. Da ist einerseits altes Stammesdenken, andererseits ist er von diesem Stammesdenken abgerückt.

Er ist schon Tyrann, Alleinherrscher, er trägt das Ganze, aber auf eine neue Weise. Das geht in unsere Denkschädel schwer hinein, wir sehen immer das Individuum im heutigen Sinne, das egoistische, den Privatier, unser Denken ist anders. Der Gegensatz des Ödipus zur Gemeinschaft ist objektiv da, aber nicht subjektiv; niemals existiert er im Bewusstsein des Ödipus. Mit Ödipus erfolgt erst die Herauslösung und Herausbildung des individuellen Bewusstseins, und sie erfolgt aus dem Stammesbewusstsein heraus. Das ist eine wesentliche Phase.

Dieses besondere Verhältnis von Individuum und Gemeinschaft erscheint mir interessant in einer Zeit, in der wir eine umgekehrte Bewegung haben, in der jetzt die Individuen beim Aufbau des Sozialismus versuchen, sich als Gesellschaftswesen zu begreifen. So gesehen gibt das Stück heute ungeheure Aufschlüsse. Ödipus ist Alleinherrscher, nicht im egoistischen Sinne, sondern Alleinherrscher, der das Ganze trägt. Er ist das Ganze, er ist das Glück der Stadt, er ist es, konkret. Bis jetzt hatte Ödipus immer Glück gebracht. Jetzt plötzlich tritt ein Unglück ein, das mit ihm überhaupt nichts zu tun hat: die Pest. Alles kommt wieder auf ihn. Man meint, er sei der Grund des Übels. Gewisse Übel zeigen sich bei ihm, die nichts mit der Pest zu tun haben. Die Beseitigung seiner Übel beseitigt die Pest nicht, beseitigt das Unglück der Stadt nicht. Am Ende ist die Pest nicht weg, es ist nichts gelöst.

Zu den geschwollenen Füssen eine Bemerkung: Der Mann ist immer ausgestossen worden. Seine Füsse sind Merkmal seiner Ausstossung aus dem herrschenden Clan der Labdakiden. Einer, der aus dem Stamm geworfen wurde, starb oder wurde wahnsinnig, so wie auch heute noch kein Stammesangehöriger im Urwald lebensfähig ist ohne den Stamm. Ödipus behauptete sich, obwohl er dem Tod geweiht war. Und er behauptete sich nicht nur physisch, in den Bergen, wo er ausgesetzt war.

Durch das Gerücht in Korinth wird er wieder ausgestossen. Er baut sich erneut auf, allein, durch seinen Verstand, und kommt zu dem Schluss, er könne sich, sein Schicksal allein aufbauen. Das ist eine revolutionäre Tat, eine grosse Haltung der Figur. Ödipus denkt nämlich, man könne dem Schicksal entrinnen, er könne sein Schicksal selbst bestimmen, in eigener Verantwortung.

Er sieht dabei nur, dass er sein Schicksal individuell bestimmen kann; er müsste die gesellschaftliche Bestimmtheit seines Schicksals ebenso berücksichtigen. Aber diese erkennt er nicht, in sie fällt er instinktiv, spontan, zufällig. Er tötet den Vater und heiratet die Mutter, es passiert ihm also ungewusst oder unbewusst, dass er auf eine alte Art an die Macht kommt. Diese Art war in viel früheren Perioden, beim Herausbrechen aus dem Matriarchat durchaus legitim. Sie entsprach aber nicht mehr der erreichten gesellschaftlichen

Phase; deswegen macht Ödipus sich schuldig. Am Ende stellt sich heraus, er kam auf den Thron auf dem ganz alten Weg — er tötete einen Herrscher und heiratete die Herrscherin. Er ging über die Herrscherin, und wer über die Herrscherin ging, ging zugleich über das Land.

Das Geschlecht der Herrscherin wird bezeichnet als der Acker. Wer die Herrscherin beackert, fruchtbar macht, macht das Land fruchtbar; das ist identisch. Die Kinder der Herrscherin sind Kinder des Landes, und wer Kinder hat mit der Herrscherin, dem gehören die Kinder des Landes.

Ödipus kommt auf den Thron einerseits durch die alten Gesetze unbewusst und ungewusst, und von allen in der Stadt wird das sorgfältig im Unbewussten gelassen, solange es gut geht. Andererseits geht er auf den Thron auf neue Weise. Zwar sind die Rätsel der Sphinx nicht neu, aber die Art, wie sie bei Sophokles gedeutet werden, wie Sophokles die Lösung des Rätsels durch Ödipus hervorschiebt, die ist neu. Ödipus betont immer wieder, er sei durch seinen Verstand auf den Thron gekommen. Neben dieser neuen Art des Auf-den-Thron-Kommens existierte noch die alte, ihr Gegeneinander bildet historisch eine Nahtstelle. Ödipus sieht nicht, dass dieses Gegeneinanderstehen seine Geschichte bestimmt, und das ruiniert ihn. Denn es ist nicht so, dass er nur durch seinen Verstand auf den Thron kam. Er erschlug den alten Lajos und kam über einen Mord ins Bett der Mutter und auf den Thron.

Der Mord an Lajos —
Probleme des Wissens, Nichtwissens, Vergessens,
Verschweigens

Das ist auch wahr. Man will das alles nur nicht wahrhaben. Nicht nur er will's nicht wahrhaben. Niemand will's wahrhaben, eine ganze Zeitlang. Da wird die Geschichte, Lajos sei von Räubern erschlagen worden, unterstützt, wenn nicht erfunden, zumindest unterstützt man diese Version eine Zeitlang. Man forscht nicht, man lässt die Sache im Dunkeln.

K. Aber für diese Annahme fehlt jeder Anhaltspunkt.

B. Im Text gibt es Anhaltspunkte.

K. Nein, für die Annahme, es würde nur vertuscht und in Wirklichkeit wüsste man es, gibt es keinen Anhaltspunkt.

B. Können Sie mir das Gegenteil beweisen?

K. Das wird uns erzählt. Was uns als Exposition erzählt wird, das muss ich glauben.

B. Wie können Sie beweisen, dass niemand etwas gewusst hat? Oder zumindest geahnt hat?

K. Einfach dadurch, dass mir nicht gesagt wird, jemand wisse etwas. Dann muss ich die Prämissen der Geschichte so akzeptieren, wie sie mir gegeben werden.

B. Wieso? Wenn niemand ausspricht, er wisse etwas, bedeutet das noch lange nicht, dass keiner etwas weiss oder ahnt.

K. Im Gegenteil. In der Anfangssituation erscheint es allen Beteiligten völlig undenkbar, Ödipus könne schuldig sein. Daraus ist zu ersehen, wie wenig man annehmen darf, dass die Leute wussten.

B. Also, dann müssen die Leute dumm sein!

K. Aber keineswegs. Jetzt verfallen Sie selber in ein Denkschema von heute, statt die Denkschemata von damals zu übernehmen.

B. Wenn die Figuren nichts wissen, dann sind sie dumm. Oder ihre Unwissenheit ist ein Kunstgriff des Sophokles. Ich mag Kunstgriffe nicht. Und ich halte Sophokles nicht für so schlecht, dass er sich mit blossen Kunstgriffen begnügt.

Wenn ein Mann mit Schwellfüssen kommt und nennt sich Schwellfuss, dann spielt das eine Rolle. Ich kann nicht annehmen, dass die Leute sich nicht Gedanken machen, zumal in Theben offenkundig ist, dass ein Kind ausgesetzt wurde. Ausserdem gibt es noch die Orakel, über die man sich auch Gedanken macht, das kommt nur erschwerend hinzu. Niemand, nicht einmal Jokaste, die ihren Kerl neben sich liegen hat, sollte sich Gedanken machen? Ich halte es nicht für möglich, eine Sache so darzustellen, in einem Jahrhundert, in dem Thukydides und Platon ihre Werke produzierten, alles Leute, die denken und schliessen konnten.

M. Die Jokaste kennt das Orakel, in dem prophezeit wird, der Vater würde erschlagen vom Sohn. Sie weiss, der Vater ist erschlagen worden, der Sohn war nur ausgesetzt, könnte also leben; das ist bekanntlich öfter vorgekommen, man wusste das und musste folglich auch mit der Möglichkeit rechnen. Dann kommt einer, so alt, wie der Sohn sein könnte, hat vernähte Füsse. Das sind immerhin auffällige Details. Weiter: ein Bote, der einzige Zeuge des Mordes an Lajos, der nach diesem Vorfall in die Stadt zurückkommt, sieht Ödipus, den Mann, der in Theben neu ist. Sofort bittet er Jokaste, er wolle ins Gebirge und darf auch ins Gebirge gehen. Kann man diese Punkte unberücksichtigt lassen? Ist es da nicht möglich, zu schliessen, dass zumindest Jokaste ahnt und zudeckt?

K. Ich glaube das überhaupt nicht, besonders weil es nicht in den Stil dieser Dramatiker passt. Die Leute reden, was sie denken, und aus dem, was sie reden, kann man ablesen, was sie denken. Eine Psychologie anderer Art ist nicht drin, von Heuchelei und dergleichen kann nicht die Rede sein.

M. Nein, diese psychologischen Kategorien haben wir nicht benutzt.

B. Von Heuchelei war nicht die Rede und kann auch nicht die Rede sein. Da schliessen Sie falsch, Sie schliessen im heutigen Denkschema. Noch eine Sache: Zum Beispiel sagt der Chor von Tiresias, ihm allein von Menschen gehöre Wahrheit zu sagen. Wahrsagen gehörte nicht jedermann. Es gab noch Tabus, es ist noch eine Gesellschaft, in der Tabus herrschen. Auch das muss man überlegen,

wenn man verstehen will, warum über bestimmte Dinge nicht gesprochen wird.

K. Wahrsagen bedeutet hier nicht so sehr, die
Wahrheit aussprechen, die andere verbergen.
Es bedeutet, die Wahrheit wissen und sagen,
die andere nicht wissen.

B. Das sagen Sie. Das ist auch eine Deutung, eine
cartesianische.

*Altes Kunstwerk ohne inhaltlichen Informa-
tionswert*

A. Ich muss sagen, ich verstehe nicht zuviel von
diesen Dingen, ich bin Physiker. — Ich habe
den Eindruck, dass hier aus einer trivialen
Handlung ziemlich tiefe Schlüsse gezogen
werden sollen. Die Handlung ist doch im
Grunde genommen ganz einfach. Ich glaube
auch nicht, dass Sophokles mehr damit
meinte, als er sagte. Das ist ja eigentlich
typisch für das griechische Drama; es wird erzählt, es wird deklamiert, man wird mit einer
Handlung konfrontiert, man hat das Erlebnis
eines klassischen Dramas, eines schönen
Kunstwerkes, mehr nicht. Man kann das in
anderer Zeit interpretieren, wie man will,
letzten Endes bleibt nicht mehr davon haften.

Wenn man Elemente herausgreifen und etwas besonders betonen will, dann muss man das Stück schon anders spielen und kann es nicht mit dem Originaltext aufführen. Da muss man es schon so machen wie Brecht mit der *Antigone*.

B. Bearbeiten also.

Ausdrucksmittel der Inszenierung — formal oder sinnvoll

A. Ja, bearbeiten.

Was ich mich bei der ganzen Sache frage: Warum hat man sich bei der Aufführung mit dem Originaltext nicht auch im Spiel an die klassische Form gehalten? Warum dieses „Brechteln", wenn ich mal so sagen darf, in diesem Stück? Dieses „Brechteln", das man den Schauspielern in den Mund gelegt hat, überhaupt diese ganze Art, die Sache auf modern zu frisieren — warum? Ich habe den Eindruck, man will hier ein klassisches Drama darstellen, und weil man glaubt, das könnte vielleicht viele Menschen langweilen, dieses Drama in der ursprünglichen Form anzusehen, lockert man das Ganze durch verschiedene kleine Dinge auf: Man setzt die

Betonung anders, man nimmt Masken. Ich weiss gar nicht, waren eigentlich Masken Elemente des griechischen Theaters? Ich glaube nicht.

R. Doch.

A. Also gut! Meine Frage: Warum bringt man das Drama nicht in der ursprünglichen klassischen Form?

B. Welches ist sie? Wenn sie mir jemand wirklich nennen könnte, wäre ich dankbar. Nur kann ich mich da nicht auf die Analysen des neunzehnten oder des siebzehnten Jahrhunderts verlassen.

A. Nein, das nicht. Meine Frage ist, warum diese Art, die Betonung zu setzen, wie bei Brecht, wie mitunter in den Brecht-Stücken.

B. Was war da „brechtisch"? Ich bin neun Jahre im *Berliner Ensemble* gewesen, und da kann mir so etwas ja unterlaufen.

A. Es gibt Sätze, in denen Wörter anders als normal betont werden, das betonte „denn" bei Sätzen des Ödipus wie — ich konstruiere ein Unding von einem Satz — „denn — morgen muss es anders sein". Diese Art zu betonen.

B. Bei Ödipus?

A. Bei Ödipus.

B. Das hat hier einen besonderen Grund. Der Ödipus hebt seine Beweiskraft, seine Verstandeskraft hervor. Seine Sätze sind besonders auf Logik gebaut. So bei seiner Beweisführung in der zweiten Szene mit dem Chor, warum er berechtigt sei, die Untersuchung selbst zu führen, allein zu führen. Er begründet sein Recht auf Untersuchung, die Sätze sind gespickt mit ,,also", ,,denn" und so weiter. Wir haben diese logischen Bindeglieder herausgehoben, weil wir Angst hatten, man könnte übersehen, dass Ödipus bemüht ist, hauptsächlich mit seinem Verstand zu arbeiten. Wir haben das vielleicht ein bisschen dick gemacht, mag sein. Aber das hat nicht unbedingt mit Brecht zu tun. Wir haben das nicht wegen der Form gemacht.

A. Es gibt noch eine Szene, die erinnert mich etwas an den *Coriolan* im *Berliner Ensemble*.

B. Wir haben noch Gemeinsamkeiten.

A. Ich meine die Szene, in der Kreon und Ödipus sich in gebückter Haltung gegenüberstehen, die leicht angewinkelten Arme nach vorn gestreckt.

B. In der Kampfhaltung, meinen Sie?

A. Ja. Auch das erinnert mich in der Art eigentlich etwas an das Brecht-Theater.

B. Das habe ich vom japanischen Theater geklaut. Da Brecht sich auch dort bediente, mag da Übereinstimmendes sein. Warum soll man alles erfinden? Hat es Sie unangenehm berührt? War es nicht passend zur Szene?

A. Nein, nein, aber es fällt einem auf, man hat so etwas schon gesehen, und wenn das in dem Augenblick so auffällt, scheint es mir nicht passend zu sein.

S. Es ist doch so: Die Kunst lernt nicht nur von Natur, die Kunst lernt auch von Kunst. Wenn ein Kunstwerk produziert ist, gehört es zum Leben, wie ein Baum, wie ein Mensch, wie die Natur selbst. Und da Kunst auch zum Leben gehört, warum soll man nicht aus einem anderen Kunstwerk schöpfen. Es gehört zur gesellschaftlichen Umgebung von dem Moment an, wo es geschaffen worden ist.

A. Mich interessiert lediglich, ob ein Theater wie das Brecht-Theater in Berlin auch auf so ein Theater wie das *Deutsche Theater* abfärbt?

B. Ja, sicher, das will ich auch hoffen. Ich möchte nicht sieben Jahre bei Brecht gelernt und jahrelang am *Berliner Ensemble* inszeniert haben, wenn davon nichts geblieben ist, das wäre doch merkwürdig. Ich weiss nicht, welche Lehrer Sie in Ihrem Beruf hatten. Man

140

ist bei guten Leuten, damit man von ihnen lernt. Und es wäre doch töricht, wenn ich meine Herkunft verleugnen würde. Ich habe auch viel bei Barrault, Dullin und auch bei Decroux gelernt, und ich werde mich nicht schämen, das zu behaupten. Wenn das ein bisschen abfärbt auf das *Deutsche Theater,* ist das kein Schade, sondern eine Bereicherung.

Altes Kunstwerk ohne inhaltlichen Informationswert

A. Zur Diskussion von vorhin: Man sollte nichts komplizieren, sondern man sollte das Werk so einfach sehen, wie es eigentlich auch ist.

B. Aber wie ist es? Wenn Sie mir das sagen könnten, wäre ich Ihnen dankbar.

A. Darf ich ein Beispiel nennen: Wenn ich mir ein abstraktes Kunstwerk ansehe, von dem ich nicht weiss, was es eigentlich bedeuten soll, dann kann ich mich an dem Spiel der Formen und Farben erfreuen, so wie ich mich auch an der Form und an dem Spiel dieser Sprache erfreuen kann. Das ist alles.

B. Sie können aber keinen Inhalt entnehmen?

A. Nein, dieser Inhalt ist mir fremd und diesen Inhalt muss ich auch nicht akzeptieren, das heisst akzeptieren würde ich den Inhalt schon, aber ich kann keine geistigen Informationen daraus entnehmen.

K. Aus der Ödipus-Geschichte?

A. Aus der Ödipus-Geschichte.

M. Da unterscheiden wir uns sicher.

J. Da ist natürlich eine grosse Gefahr, zu vereinfachen. Es gab einmal eine Zeit, in der europäische Forscher nach Afrika fuhren, filmten und das Verhalten der Afrikaner dem afrikanischen Tiere gleichsetzten, und sie fanden die Afrikaner furchtbar einfältig. Dann gab es Forscher, die haben die Riten untersucht und fanden heraus, das Verhalten sei doch viel komplizierter, nicht so simpel. Und da gab es immer noch Leute, die behaupteten, das alles sei ganz einfach und man kompliziere unberechtigt. Die Ethnologen würden eine europäische Überinterpretation liefern. So auch hier, damit, dass zwei Jahrtausende vergangen sind, ist noch nicht gesagt, dass alles viel simpler war als heute.

A. Ich habe nicht gesagt „simpel".

J. Sie sagten „einfach".

A. Das ist ein Unterschied.

B. Ja. Das ist ein Unterschied.

J. Es ist auch eine Frage, ob das landläufige Argumentieren mit Tragik, Schicksal, Schuld wirklich einfach ist, einfacher als die Konzeption Bessons, die ethnologisches Material aus den letzten fünfzig Jahren mitverwertet. Es ist die Frage, ob Bessons Konzeption wirklich kompliziert ist oder ob sie nur kompliziert wirkt für den, der in einem humanistischen Gymnasium war, wo man das antike Theater aus dem Blickwinkel der bürgerlichen Archäologie und Altphilologie sah. Seit 1800 ungefähr nennt man dort immer wieder die gleichen Begriffe: Schicksal, Schuld. Und jetzt nimmt man immer noch die Begriffe, übrigens sind es meist christliche Begriffsdeutungen, die in dieser Zeit benutzt werden, um die klassische Tragödie zu interpretieren. Es ist die Frage, ob diese Begriffe antike Tragödie charakterisieren oder vielmehr die Zeit, in der man sie verwendete.

Authentizität der Konzeption

K. Ja das ist wirklich eine Frage. Aber wenn man den *Ödipus* betrachtet und analysiert, merkt man in der Tat und kommt zu der Feststellung — unabhängig davon, ob man in einem

Humanistischen Gymnasium war oder im Institut für Gesellschaftswissenschaften studiert hat —, dass *Ödipus* eine dramaturgische Prämisse hat, die untrennbar von der Fabel ist.

J. Stimmt denn der Blickwinkel, aus dem Sie die Vorbestimmung interpretieren?

B. Das ist es. Wir haben uns mit Thomson auseinandergesetzt. Wir haben Altphilologen und und Archäologen befragt. Wir mussten tatsächlich Wissenschaftler zu Rate ziehen. Mit einigen ergab sich Übereinstimmung in der Sicht, andere waren gegen unsere Interpretation.

K. Diese Interpretation ist ja auch nicht so umstritten. Ich würde allen Versuchen, die Bezüge herzustellen, die sie vorhin dargelegt haben, unbedingt folgen. Sie würden mich überzeugen, unter der Voraussetzung, dass, was von dem Stück nicht trennbar ist, nicht als unseres, sondern als der damaligen Zeit zugehörig, akzeptiert wird. Auf diesem Boden kann man dann all das machen.

B. Darum haben wir uns bemüht und sind zu anderen Schlüssen gekommen.

H. Ich will versuchen, die scheinbaren oder wirklichen Widersprüche, die sich in der Diskussion ergaben, etwas zu durchbohren, und eine Gretchenfrage zu stellen. Mir ist es so gegangen, dass beim Lesen des Stückes mehr in mir geblieben ist, mehr angeregt wurde, mehr passierte, denn als ich es sah auf dem Theater.

Mir scheint die Interpretation, die Sie, Besson, gegeben haben, ist sehr verführerisch und ist sehr interessant und hat sehr viel Berechtigung, dass nämlich dort, zu jener Zeit — möglicherweise kristallisiert in diesem Stück — Welten zusammenstiessen, geistige Welten. Eine, die wirklich etwas Neues andeutet, stiess zusammen mit der anderen vergangenen, Matriarchat, sagte Besson. Dabei wurden heutige Einstellungen schon abstrakt denkbar. Das ist etwas Ungeheuerliches, etwas Grossartiges, etwas Unglaubliches, zunächst gar nicht Fassbares. Nur so kann ich mir überhaupt vorstellen, dass Sie an das Stück herangegangen sind.

B. Das haben wir zu fassen versucht.

Konzeption und Aufführung

H. Denn anders kann ich es mir nicht vorstellen, nach dem wunderbaren, herzhaften *Frieden,*

den man sich zehnmal anschauen kann, den ich mir ehrlich gesagt eher noch zehnmal anschauen würde als noch einmal diesen *Ödipus;* ehrlich gesagt, ich möchte ihn gerne lesen. Aber die Aufführung sagt mir nichts. Ich kann mir nicht helfen, ich glaube, dass all das, was Sie gesagt haben, einfach nicht herausgekommen ist.

Jetzt die Gretchenfrage — ich will nichts behaupten, sondern fragen: Ist es denn den anderen Leuten, die die Aufführung sahen, anders gegangen? Haben die Menschen, hat ein grosser Teil der Leute — hier haben ja nur wenige von den vielen, die die Aufführung sahen, mitdiskutiert — erfasst, was Sie wollten? Oder wenigstens einen Teil von dem erfasst, was Sie wollten? Ist durch diese Aufführung wirklich dieses gewaltige Zusammenstossen von Welten und von Zeiten sichtbar geworden? — Wenn man das Stück langsam und immer wieder liest, kommt das heraus, nicht ganz vielleicht, und auch nicht immer, und nicht in seiner ganzen Grösse — die zu erfassen, ist sehr schwer, dazu müsste man Enzyklopädist sein. — Ist das zu vermitteln mit Ihrer Aufführung wirklich gelungen?

K. ist doch ein Theatermann. Und seine Behauptung, die in scheinbarem Widerspruch zu Ihnen steht, besteht doch nicht, weil er Sie nicht verstanden hat, sondern weil ihm auch eigentlich nichts anderes erzählt wurde als die Geschichte, wie er sie kennt. So möchte er sie sehen und er will nichts hineininterpretiert haben, was ihm nicht herauskommt. Und da es K. so ergangen ist, vermute ich, dass es hundert oder tausend anderen erst recht so geht, dass also ihr wirkliches Anliegen einfach nicht sichtbar wurde. Das ist meine Frage. Mir wurde ihr Anliegen nicht sichtbar. Ich habe wirklich versucht, es zu entdecken.

Natürlich habe ich mir etwas gedacht, erstens kenne ich Sie, und zweitens weiss ich, dass Sie nicht irgendwas inszenieren. Und wenn Sie was machen, dass Sie sich dabei was denken, ist wohl vollkommen klar und gerade bei diesem Stück. Aber es ist mir nicht gelungen, mitzuschwingen und sozusagen naiv mit grossen Augen und offenem Maul dazusitzen und Entdeckungen zu empfangen, was ich so gern tue. Das ist mir ehrlich gesagt bei Ihren meisten Inszenierungen wirklich gelungen. Deshalb sehe ich sie so gern, immer wieder. Ich bin immer wieder beglückt, weil ich etwas

Neues erlebe. Auch wenn es nicht so an-
spruchsvolle Stücke sind, gelingt es mir immer
wieder, neue Seiten zu entdecken. Beim Ödipus war ich immer nur ansatzweise bei der
Sache.

M. Eine Gegenfrage: Wieweit sind denn die Ver-
stellungen unter Umständen so gross — wider
den eigenen Willen —, dass Naivität nicht zustande kommt? !

B. Sagen wir lieber, dass durch Verstellung die
Rezeptivität beeinflusst ist.

Theater mir Masken

H. Mich hat das Absolute der Masken gestört.

B. Meinen Sie mit ,,absolut'', dass sie voll sind?

H. Ja. Das Absolute sowohl im physischen, im
materiellen Sinne wie im übertragenen. Es
war kein Individuum mehr da. Selbst beim
Ödipus konnte ich das Individuum nicht
sehen. Ich habe es immer gesucht. Den unge-
heuren Versuch, ein Individuum zu werden,
aus dieser Zeit heraus zu werden, wollte ich
auch in seinem Gesicht ablesen. Was man ja
bei uns im Fernsehen überhaupt nicht sehen
kann, auf dieser Mattscheibe ist ja nichts zu
sehen, und im Kino ist man langsam davon

abgekommen, Persönlichkeiten zu zeigen, entweder, weil wir keine mehr haben, oder weil die Regisseure es nicht mehr können. Gesichter zu zeigen, in denen etwas vorgeht, ist ja das grosse Plus des Theaters.

B. Eines bestimmten Theaters.

H. Eines bestimmten Theaters. Aber auch des Brechtschen, das ja bekanntlich im *Guten Menschen von Sezuan* Masken einsetzt und dann wieder nicht einsetzt.

B. Ein Missverständnis. Ich sprach von bestimmtem Theater im historischen Sinn. Die Theaterkunst ohne Maske beginnt ja erst mit der Renaissance.

H. Ja, ich meinte das heutige Theater. Im *Guten Menschen von Sezuan* hat die Maske eine bestimmte Bedeutung. Dazu sage ich beispielsweise ja. Im *Ödipus* ist es mir gelungen, zu den Masken innerlich, geistig eine Beziehung aufzunehmen.

G. Für mich war gerade überraschend, dass bei Ödipus trotz der Maske durch stimmliche Mittel und Körperspiel, das noch ganz sensibel ausgestellt war, eine unerhörte Individualisierung sich ergab. Vielleicht passiert es, dass wir einfach vom Theater heutiger Regel gewohnt sind, in nackter Mimik zu lesen, dass

wir einfach abgestumpft sind in der Bereit-
schaft, uns primär auf Körperspiel und Gestik
und stimmliche Modulation einzustellen. Für
mich war bei Düren die grösste Überraschung,
wie sich das Gesicht hinter der Maske herstellt oder wie sich die Maske auflöst in sen-
sibelste Individualität.

K. Ich würde die Maske durchaus verteidigen
und rechtfertigen wollen, aber nicht von
dieser, sondern von einer anderen Seite her:
Durch die Maske wird eine Stilisierung möglich, die auf keinem anderen Wege erreichbar
ist, die auch wirklich erreicht ist, aber die gerade entindividualisiert und damit stilisiert; es
wird etwas erreicht, was durchaus mit der Absicht, sowohl mit der, die ich dem Stück bei-
messe, als auch mit der, die ich aus der Inszenierung ablese, voll zu vereinbaren ist und
das diese Absicht unterstützt. Die Masken
würde ich also nicht verteidigen, weil ich ein
Individuum hätte erkennen können.

B. Masken zum Zweck der Stilisierung würde ich
jederzeit weglassen. Wir haben nie an Stilisierung gedacht, das war nicht die Absicht.
Ich halte es für bemerkenswert, dass das
Theater mit Masken aufhörte mit dem Auf-
steigen des Bürgertums in Europa. Es blieben

nur die Volksmasken der commedia dell'arte, die, wenn man sie mit anderen Masken vergleicht, mehr oder weniger stark charakterisierende, psychologische Masken sind, die Maske zielte da bereits auf die Charakterisierung des Individuums.

Als Schauspieler ohne Maske auf die Bühne treten durften, wurde beim Publikum das Gefühl bestärkt, die Menschen als gleich vor Gott oder auch vor dem Gesetz zu empfinden, das Bedürfnis danach war gross, und das Weglassen der Maske befriedigte es. Also es wurde Gleichheit gezeigt — jeder Mensch als ein privates Wesen, der König und alle anderen Menschen als organisch gleichgebaute Wesen. Jeder durfte sich als kleinen Kosmos innerhalb des grossen Kosmos ansehen. Das ist ein gewaltiger geschichtlicher Vorgang.

Ihn zu verabsolutieren und zu sagen, das nackte menschliche Antlitz sei das einzige, was auf dem Theater die Würde des Menschen ausstellt, das wäre einfach abusiv, nicht korrekt, nicht wahr. Ich polemisiere nicht gegen das maskenlose Spiel, aber die Schauspielkunst mit Masken hat tatsächlich andere Funktionen und zeigt vom Menschen andere Aspekte, die in der langen bürgerlichen Entwicklung des Theaters ohne Maske beiseite gelassen wurde, weggefallen sind.

Ich meine, zu erforschen, was vom Menschen ausgesagt werden kann beim Spiel mit Masken, scheint mir wesentlich für uns heute, da wir von Vielseitigkeit der Ausdrucksmittel sprechen. Natürlich ist dieser Gesichtspunkt nur ein spezieller, und das Stück haben wir nicht gemacht, um vornehmlich ihn zu untersuchen. Aber dieses Moment hat uns auch interessiert.

Das alles sind Hypothesen, die wissenschaftlich noch zu untersuchen wären. Auf jeden Fall ist die Maske kultischen Ursprungs.

Auf jeden Fall verliert sich in ihr das Individuum nicht so, wie wir das heute meinen, es wird durch die Maske nicht zu einer abstrakten Kategorie. Durch die Maske summiert der Mensch gleichzeitig Kräfte, summiert gesellschaftliche Kräfte in sich als Individuum und bleibt doch Individuum, ist also gesellschaftliches Individuum. Eine Königsmaske ist ein König; er wird identifiziert hauptsächlich durch sichtbare Kennzeichen seiner Funktion, nicht durch individuelle Merkmale. Aber damit wird er noch lange kein Abstraktum, er bleibt Individuum. Da ist beides, Individuelles und Allgemeines.

G. Zum Beispiel wird schon der Begriff „Tyrann" in den meisten Kritiken falsch interpretiert. Mit der Maske ist doch auch kenntlich, dass dieser Herrscher nicht absolut oder mit einem ganz falschen Begriff aus einer anderen Zeit „tyrannisch-brutal" ist, sondern als eine unerhört sensible Figur aufgefasst wurde.

Unser Fernsehen und der Film wurden zitiert als Medien, die die Kunst der Grossaufnahme und der Mimik beim Schauspieler verhunzt haben oder bei denen die Regisseure und folglich die Zuschauer nichts mehr mit diesen Mitteln anzufangen wissen. Viele Regisseure und viele Zuschauer wissen aber auch mit Händespiel und Gesten und den Möglichkeiten der Stimme nicht zu arbeiten. Diese Mittel kommen in dieser Inszenierung so zur Geltung, dass es wahrscheinlich hier einmal von hundert Zuschauern zehn mehr bemerken als sonst. Das ist ein Gewinn.

Gerade die Haltungen des Körpers oder der Hände bei Düren setzen Ödipus von der Jokaste gross ab. Dass man diese Dinge einmal ganz klar ausgestellt sieht, ist schon sehr wichtig für die Inszenierung, über ihren inhaltlichen Wert hinaus, einfach für ihren Kunstwert und als eine Gelegenheit, das Publikum davon wegzuführen, sein Theatererlebnis auf das blosse Inhaltserlebnis zu beschränken.

F. Die Masken haben auch mich im ersten Moment etwas frappiert, aber dann habe ich mich auf die Masken so eingestellt, dass es dann wiederum abstossend wirkte, als die Schauspieler beim Schlussapplaus ohne Masken auf die Bühne kamen. Im Stück sah ich die Schauspieler in ihrer Haltung, und dann sah ich plötzlich diese heutigen Gesichter. Das hätte nicht zu sein brauchen.

B. Ja, das ergibt natürlich eine Schockwirkung. Heute ist man gewohnt, dass ein Schauspieler sein privates Gesicht zu Markte trägt, als Maske verkauft. Manchmal klebt er noch einen Bart an oder macht etwas mit Schminke, aber alles sieht noch wie ein und sein privates Gesicht aus. Das ist ein anderes Geschäft als das im *Ödipus.*

Das Abnehmen der Masken haben wir von den Marionettenspielern übernommen. Das ist auch immer ein furchtbarer Augenblick, wenn die Marionettenspieler, nachdem man nur Puppen gesehen hat, hervortreten und sich mit den Marionetten zeigen. Da ergibt sich auch eine Schockwirkung. Ich finde es aber richtig, dass man zeigt, wir haben ein Stück gespielt, dass man am Ende wiederum zerstört, was man am Anfang mit den Masken hergestellt hatte, dass man sagt, es wurde Theater gespielt.

Tiresias

F. Mich störte etwas an den Kostümen. Der Tiresias hat mich furchtbar abgestossen. Er kam mir wie ein Medizinmann aus den *Fahrten nach Afrika* vor. Ich weiss nicht, ob ein Seher damals unbedingt so ausgesehen hat, mit den Federn am Kopf, mit den totemistischen Scheiben an den Ärmeln. Vielleicht ist das auch ein Zeichen dafür, dass dieser weise Seher nicht unbedingt der einzige Mensch auf der Welt war, der alles wusste.

B. Er wusste es zumindest auf eine bestimmte Weise.

F. Ich habe die Figur beim Lesen des Stückes nicht als eine bessere Art Scharlatan angesehen. Sein Verhalten und sein Kostüm in der Aufführung war in diese Richtung hin übertrieben.

B. Die Ansicht, ein Medizinmann sei ein Scharlatan, ist auch so ein Vorurteil. Der Medizinmann war eine Form, um zu Erkenntnissen zu kommen. In Athen wurden noch in dem Jahrhundert des Perikles sowohl Leute, die auf wissenschaftlicher Grundlage ihren Rat, ihre Prognose gaben, konsultiert, als auch Seher, Leute, die auf intuitive und magische Weise ihre Kenntnisse oder Schlüsse herausgaben. Einen aus der letztgenannten Gruppe haben wir in diesem Stück angetroffen.

Wir haben sehr dick gezeigt, um welche Form der Erkenntnis es sich handelt, es ist aber nicht beabsichtigt, aus dem Tiresias einen Scharlatan zu machen. Deutlich werden soll: Das Wissen des Tiresias kommt auf magisch-intuitive Weise zustande, es entspricht einer bestimmten Stufe der Auseinandersetzung mit der Welt. Abgesehen davon, dass Tiresias nur Tatsachen sagt, die bereits geschehen sind. Was er voraussagt, ist ganz mager; seine Prognose ist zwar weise, aber sehr dunkel und vorsichtig.

Darstellung des Chores

V. Ich möchte noch etwas zur Art der Darstellung sagen, dazu, dass das Körperliche stärker betont ist. Der Chor hat mir sehr gefallen. Man hat schon häufig einen Chor gesehen, wie er einfach so starr dasass und die Jamben oder andere Verse heruntergesprochen hat, aber in dieser Fassung ist wirklich in grossartiger Weise kollektiv der Rhythmus zum Ausdruck gekommen; Körper und Sprache harmonieren wunderbar. Das ist unterstützt worden durch die Trommel, auch durch die harten Trommelschläge zwischen den einzelnen Gesängen. So sind die Ausführungen und Interpretationen des Chores grossartig akzentuiert worden. Das fand ich besonders gut und originell. Hier ist gesagt worden, das sei wie im *Coriolan*, aber es ist eine schöpferische Weiterentwicklung der Darstellung des Chores.

Bezug zur Gegenwart

Etwas deplaziert und an den Haaren herbeigezogen erscheint mir der Artikel *Nicht Kriminalstück* im Programmheft. Diesen Salto von

Ödipus zu Oppenheimer. Da kann ich nicht folgen. Wie Heiner Müller die Beziehung zur Gegenwart herstellt, finde ich etwas zu verkrampft.

M. Wenn Heiner Müller diese Beziehung setzt, geht er von der letzten Phase des Ödipus aus; er verweist auf eine analoge Haltung heute und lässt die historische Entwicklung unberücksichtigt.

B. Das ist übrigens die Ansicht Heiner Müllers, nicht unbedingt die Konzeption des Stückes, auf keinen Fall die Hauptseite. Natürlich haben wir den Kopfsprung des Ödipus in das Reich des reinen Gedanken kritisch gesehen. Natürlich haben wir den Schluss nicht als eine absolute Läuterung gelesen und interpretiert. Aber es ist auch nicht so, dass wir einseitig die Sache kritisiert hätten und schon gar nicht den wissenschaftlichen Aspekt der Sache. Denn tatsächlich begründet Ödipus mit dem Versuch, die Wahrheit zu erlangen, indem er sich von seinen Sinnen trennt, das Reich der Abstraktion, die Fähigkeit zum Abstrahieren. Er begründet überhaupt die Möglichkeit einer mathematischen Tätigkeit. Man kann also schon einen Bezug zu Oppenheimer herstellen, aber das ist nicht der Hauptaspekt unserer Konzeption.

Übrigens zitiert Platon in seinem *Phaidon* fast wörtlich den Sophokles. Man könnte auch sagen, Sophokles nimmt Platons *Phaidon* vorweg.

Berechtigung der Aufführung heute

Aber jetzt ist die Frage, welche Berechtigung hat die Aufführung in unserer Zeit? Was die Bedürfnisse der heutigen Zeit sein mögen, ist zu überlegen — viele wollen heutige Geschichte sehen, wie sich ein Mensch in einer bestimmten Situation verhält und entscheidet und die psychologische Bestimmung dazu. Das ist ein Bedürfnis. Ich bin nicht bereit, dieses Bedürfnis als alleiniges gelten zu lassen, es als absolutes Gesetz für künstlerische Tätigkeit heute zu nehmen.

Unser Gespräch beweist mir gerade auch durch die Einwände, die gemacht werden, wie richtig es ist, *Ödipus, Tyrann* aufzuführen, und zwar so, wie wir ihn aufgeführt haben: fremd. Wir betonen damit, dass diese Welt verschieden ist von der unsrigen, dass man hier nicht so leicht und bequem wiederfinden kann, was man heute empfindet oder weiss und dass man nicht mechanisch applizieren kann auf die Verhältnisse damals, was man heute empfindet oder weiss.

Es gibt natürlich Analogien im Heute zu Situationen im *Ödipus*, aber die Verhältnisse in der Antike sind zutiefst anders. Ich meine, sich für das zu interessieren, was anders ist als jemand selber, das ist nötig. Ich komme aus dem Kleinbürgertum und habe mich interessiert für die Arbeiterklasse; die war für mich fremd, sehr fremd. Wenn ich mich nicht interessiere für Fremdes, wo komme ich da hin?

Wenn man von der Kunst nur die Bestätigung eigener Ansichten und Gemütsregungen und Bedürfnisse erwartet, kommen wir da weiter?

Es gibt so etwas wie das Hervorrufen neuer Ansichten, Gemütsregungen, Bedürfnisse auch durch die Kunst. Das ist ein wesentliches Moment der Kunst. Ich spreche nicht davon, wie wir das Fremde gezeigt haben, aber auf jeden Fall halte ich es für richtig, Fremdes vorzuführen.

A. Ja, aber haben Sie das mit der Inszenierung erreicht?

B. Zumindest haben Sie eins bemerkt, dass wir nicht die Geschichte einfach als Schicksal hingestellt haben. Also es gibt Fragen, die nicht nur meine sind, sondern die Fragen vieler, die von Wissenschaftlern und auch von andern, sehr verschiedenen Menschen — zum Beispiel zum Schicksalsbegriff.

Schwierigkeit der Rezeption heute

K. Ich akzeptiere völlig, dass Sie Fremdes zeigen wollen. Dabei rechnen Sie die von Ihnen als konventionell bezeichnete Auffassung der Schicksalstragödie nicht zum Fremden. Die wäre nicht fremd.

B. Nein, diese Auffassung der griechischen Tragödie als Schicksalstragödie ist nicht fremd, sondern falsch. Sie ist eine Interpretation des neunzehnten Jahrhunderts. Ebenso falsch wäre es, die moderne Auffasung des Tyrannen in die Antike zu verfrachten.

K. Aber in Ihrem Programmheft ist doch — das ist eines der Dinge, über die ich mich geärgert habe — der Begriff Tyrann in der oberflächlichen modernen Auffassung als etwas Negatives verwendet.

B. Nein, im Gegenteil, wir haben geschrieben, dass damals der Begriff Tyrann nicht als negative Bewertung benutzt wurde. Aber heute herrscht diese Sicht vor.

X. Was Sie vorhin sagten, war für mich interessant. Mir war klar, als ich ins Theater ging, um das Stück zu sehen, dass ein Theater bei uns sicher nicht mit Sophokles zeigen will, der Mensch hänge allein vom Schicksal ab, dass Sie die Figur des Ödipus so nicht inszenieren wollen.

Ich bin Laie, mich hat diese Aufführung angeregt, mehr zu erfahren über Sophokles, über die Zeit des Stückes. Ich habe mit Kollegen gesprochen, weil ich in der Schule nicht viel darüber gehört habe. Nach dem Sehen des Stücks hatte ich das Bedürfnis zum Gespräch. Ich frage mich, was habe ich aus diesem Abend entnommen? Da war die Tatsache der Wahrheitssuche des Ödipus; mir ist aufgefallen, wie Ödipus immer wieder versucht, zur Wahrheit zu kommen und das selbst lenkt. Was da alles dahintersteckt, war mir nicht klar geworden, das ist vielleicht auch aus dem Drama selbst nicht zu beziehen. Das Individuum, das nach Wahrheit sucht, habe ich gesehen, das ist mir klar geworden.

Theater mit Masken

Zu den Masken: Ich fand es sehr gut, das Stück mit Masken aufzuführen. Wir sind doch heute diese Sprache nicht gewohnt und es fällt uns zunächst einmal schwer, dieser Sprache zu folgen. Man musste sich auf die Sprache konzentrieren und konnte es, weil die Masken da waren. Man war nicht abgelenkt von der Persönlichkeit des Schauspielers. Ich habe mir vorher bewusst nicht angesehen, wer was spielt. Ich habe mich sehr über die Leistungen der Schauspieler gefreut, über ihre Mimik und Gestik. Sehr interessant fand ich die Mimik, die im Verhältnis Maske, Mund und Augen des Schauspielers entstand.

Chor, Gestaltung durch Sprache und Körper — Bildung von Bewusstsein

D. Ganz besonders hat mich der Chor berührt. Ich habe in meinem Leben schon viele Chöre gesehen, ich habe auch schon viele griechische Tragödien gesehen, in den zwanziger Jahren. Aber ich habe in meinem ganzen Leben noch nie so einen hervorragenden Chor gesehen, ge-

hört möchte ich zuerst einmal sagen und dann *gesehen.*

Was vorhin über die musikalische Untermalung gesagt wurde, wie die mit der Sprache zusammenging, wie die Sprache dann die ganze Bühne beherrschte, das ist eigentlich bei uns sehr neu. Denn bei uns wird die Sprache oft furchtbar vernachlässigt, irgendwie weggewischt. Diesmal musste zwangsläufig — weil eben das Gesicht nicht da war — die Sprache viel stärker herrschen als sonst. Das fand ich grossartig.

Am allerbesten hat mir gefallen — und das vergesse ich bestimmt in meinem Leben nicht — der Moment, wie aus der Sprache heraus der Chor zum Bacchanal übergeht. Das ist so einprägsam gewesen, wie der Chor plötzlich sich auseinanderzieht und zum Bacchanal übergeht. Das war ein Moment in dieser Aufführung, den ich ganz, ganz hervorragend finde.

B. Die Chorleute haben ungeheuer gearbeitet. Beim Chor habe ich mich wenig eingemischt. Ich habe nur beratend dabeigestanden. Die ganze Arbeit haben die Schauspieler im Grunde allein gemacht. Sie haben sich organisiert wie eine Fussballmannschaft, zu einer Män-

nergemeinschaft. Spontan konnten sie anfangs wenig liefern, nur Weihnachts- und
Marschlieder. Bewegungsmässig war es noch
schlechter, Marschschritte, immerhin etwas.
Aber eine differenziertere Intelligenz konnten
die Schauspieler aus ihren Körpern nicht beziehen, so sehr sie sich bemühten. Das wurde
offenbar, als Afrikaner kamen und zeigten,
wie man tanzen kann. Das ist ein Fakt, der
sehr zu denken geben muss; wir können aus
Beziehungen zu afrikanischen Ländern ungeheuer viel gewinnen zur Hebung der Kultur
bei uns. Die Intelligenz hört nämlich nicht
auf mit dem Rechnen. Ein dummer Körper
ist immer etwas Unangenehmes. In dieser
Hinsicht hat der Chor zumindest einiges erreicht in vier Monaten Arbeit. Das ist immer
noch wenig — und der Chor weiss das — im
Vergleich zu dem, was ein afrikanischer Chor
leisten könnte und was in anderer Weise,
stärker bestimmt durch orientalische Ein-
flüsse, ein griechischer Chor geliefert hat.
Auf jeden Fall ist es so, dass der Chor das
Bestreben hat und die Möglichkeit sieht, sich
mit der Intelligenz zu bewegen und eine Ein-
heit von Intelligenz und körperlicher Sensibi-
lität wieder herzustellen, und das als Indivi-

duen in der Gemeinschaft eines Chores zu tun. Was für uns schwer ist, heute. Wir haben da nur noch sehr verarmte Ausdrucksformen, Grölen und Schunkeln. Ich war in diesem Jahr bei einer Weihnachtsfeier. Da wurden Weihnachtslieder gesungen. Der Vater gab mit der Stimmgabel den Ton an, die Söhne und Töchter sangen vierstimmig, schöne, kunstvolle Hausmusik. Ein kleines Kind sass dabei, es hörte sehr angenehm berührt zwei Lieder an und begann dann, sich zu bewegen, also zu tanzen. Ihm genügte das Singen allein nicht mehr. Aber dann wurde es schnell zur Ordnung gerufen, denn der Gesang tönte nicht mehr so rein.

Die Gedanken, die die Afrikaner mit hineinbrachten zum Sinn des Chores, was ein Chor sei, haben politische Diskussionen ausgelöst, über das gesellschaftliche Bewusstsein heute. Diskussionen, die im Ensemble nicht aufhörten, die immer wieder durch die Arbeit spontan entstanden. Für die Kräfte im Theater erwies sich, das Stück vermittelt oder provoziert zumindest gesellschaftliches Bewusstsein. Ob es das beim Zuschauer auch erreicht, ist eine andere Frage.

Jedenfalls ist bemerkenswert, dass Schauspieler, die sonst Hauptrollen spielen, mit grosser Freude, Intensität sich daranmachen, einen Chor gemeinsam aufzubauen, obwohl sie im Chor doch ziemlich anonym sind und jeder nur ein Zehntel des Ganzen zu sein scheint.

Konzeption und Aufführung

Ich würde nie erwarten, dass der Zuschauer das, was wir vorhin in grossen Zügen erklärten, in der Aufführung so versteht, wie wir es im Gespräch sagten. Hier haben wir mehr oder weniger abstrakt vom Prozess der ,,Herausbildung des Individuums'' gesprochen. In der Aufführung erscheint dieser Prozess in bestimmter, konkreter, sinnlicher Form, als eine Geschichte, die komplizierte Geschichte einer Figur. Die ,,Herausbildung des Individuums'' ist in der Fabel zu entdecken, ist aber nicht die Fabel selbst, sondern der Hauptpunkt unseres Interesses. In der Fabel geht es so um Wahrheit. In ihr ist das der Hauptpunkt.

Politisch verantwortlicher Umgang mit Wahrheit und Wissen

Es geht bei Ödipus um eine Figur, die nach Wahrheit sucht. Aber konkret zu fragen, was ist das für ein Wahrheitssucher, wo und wie sucht Ödipus. Es geht nämlich darum, wie er Wahrheit sagt, ob er sie sagt, wann er sie sagt. Der Ödipus sagt ein einziges Mal: „ . . . nun Wahres sag ich" und das erst dann, als er sich als Mörder des Lajos ausstellt. Das ist das erste Mal. Endlich, aber erst hier, spricht er von Wahrem, vorher spricht er von Wissen und so weiter.

Ich halte nicht für beliebig, ob und wie man Wissen oder Wahrheit verwendet. Wir wissen, auch in unserer Presse sagt man nicht immer alles, man unterschlägt viel; man weiss vieles, aber wir wissen ebenso, dass es nicht opportun sein kann, alles gerade jetzt zu sagen. Man könnte sonst dem Staat mehr schaden als helfen.

Ödipus geht es um das Wohl seiner Stadt, seines Staates. Und er ist dafür verantwortlich. Er überlegt es sich zehnmal, bevor er etwas sagt. Auch der Wahrsager, Tiresias, überlegt es sich zehnmal, bevor er etwas sagt;

er will nichts sagen, weil er weiss, das schadet, das würde nichts bewirken, da würde nur Schaden entstehen, wenn er sagt, was er weiss; das sind die Haltungen von verantwortlichen Leuten, die sich ständig verantwortlich gegenüber der Stadt benehmen.

Aufschlussreich ist die Art, in der diese Leute die Wahrheit suchen. Plötzlich sucht Ödipus sie in einer Ecke, wo sie überhaupt nicht mehr ist. Er wird plötzlich rückfällig, meint tatsächlich, sein Vater sei Polybos und seine Mutter sei Merope; dabei weiss er doch, da sind bereits Zweifel vorhanden. Wegen des Gerüchts, dass er von andern Eltern sei, ist er doch aus Korinth weggegangen.

Ödipus sucht die Wahrheit, aber es fragt sich wo und wie. Mich interessiert die konkrete Art, wie er die Wahrheit sucht; auch dass er die Wahrheit da sucht, wo sie fünfzig Prozent oder mehr Prozent Chancen hat, nicht zu sein, oder dass er sich beim Suchen nicht an bereits Bekanntes klammert. Alle diese Brechungen, diese Inkonsequenzen scheinen mir bei der Aufführung dieses Stückes von grossem Interesse und nicht das Peilen auf ein Ziel direkt.

Ich weiss, dadurch entstehen Vieldeutigkeiten. Auch die Spannung — kommt er drauf, kommt er nicht drauf — schaut anders aus. Für manche, auch für mich, ist es immer weiter ein Rätsel — gerade Leute, die die Aufführung öfter sahen, bestätigen das —, wieso er nicht viel früher drauf kommt. Das ist für mich das spannende Moment. Ödipus hat das gesagt, das gefunden und dann noch das gefunden — wieso kommt er nicht endlich auf den entscheidenden Punkt? Warum gibt es wieder eine Brechung, und Ödipus kommt davon ab, den entscheidenden Punkt zu fassen?

Unhistorischer Versuch, eine Analogie zu konstruieren und damit den Ödipus zu erklären

K. Mit dem, was Sie eben darlegten, stimme ich vollkommen überein. Das ist aber alles nicht fremd in Ihrem Sinne. Denn es steht tatsächlich schon in der überlieferten Version. Hochinteressant wird der Ödipus gerade durch den Grund, aus dem heraus er die Wahrheit umgeht, obwohl er sie anzieht wie ein Magnet. Er sträubt sich, und zugleich sucht er. Wäre er kein alter, sondern ein moderner Charakter, dann würde er sich nur sträuben und gar nicht suchen; dann würde er jeden möglichen Vorwand benutzen, um der Wahrheit zu entgehen.

B. Das ist eine kabarettistische, psychologische, heutige Auffassung. Wenn ich das aufführe, würde ich verboten werden. Und das mit Recht.

K. Ein zeitgerechtes, heutiges Denkschema wäre: Jemand, den man kennt, der etwas zu verbergen hat und der jede Möglichkeit hat, es zu verbergen, der würde — das wäre völlig plausibel — es erfolgreich verbergen, wenn die Umstände es gestatten würden. Das wäre ein modernes Denkschema. Wenn man einer solchen Figur eine ethische Berechtigung geben will, stellt man ihrer Handlungsweise das Bedürfnis nach Aufrichtigkeit entgegen, versucht, das Notwendige ihrer Handlungen mit einem ethisch anerkannten Massstab in Einklang zu bringen. Dann entsteht eine Widersprüchlichkeit im Menschen, zwei verschiedene Tendenzen liegen in ihm miteinander im Widerstreit.

In der klassischen Konzeption haben wir es nicht mit irgendeinem Täter zu tun, sondern — da stimme ich Ihnen zu — mit einer Figur, bei der eine Identität von Herrscher und Gesellschaft, von Herrscher und Gemeinschaft vorhanden ist. Aus diesem Grund ist nämlich für ihn die Begründung seiner persönlichen Schuld zugleich das Verderben der Gemeinschaft, für die er sich ja verantwortlich fühlt. Aus eben diesem Grund also und nicht, um seine Königswürde zu wahren, hat er ein für mich verständliches und gar nicht lange zu suchendes Bedürfnis, die Wahrheit möge doch bitte keine Wahrheit sein, und solange er irgend kann, sucht er Gründe dafür. Aber er geht doch auf die Wahrheit zu. Das ist seine Haltung, und das ist sie ja auch bei Sophokles.

Das Ganze ist uns fremd, auch wenn Oberlehrer inzwischen auf die verschiedenste Weise versucht haben, uns das nahezubringen. Es bleibt dennoch fremd, weil einer fremden Epoche zugehörig. Und ich bin mit dem Marx-Zitat in Ihrem Programmheft völlig einverstanden. Marx sagt ja, dass man die Antike in aller Naivität betrachten könne, ohne den Versuch, das zu aktualisieren. Dem entgegen haben Sie versucht, mit dem Hinweis auf heutige Leistungsprobleme gewisse Bezüge herzustellen.

B. Ich bin einverstanden mit dem, was Sie sagen. Nur in einem Punkt nicht: Das alles spielt sich nicht ab in seiner Brust. Es ist nicht ein psychologischer Konflikt.

K. Einverstanden.

Berechtigung der Aufführung heute

A. Darf ich noch einmal etwas sagen? Ich wundere mich, dass Sie aus dem, was ich gesagt habe, den Schluss ziehen, dass es gerade richtig ist, den Ödipus aufzuführen.

H. So dialektisch ist der Besson.

A. Es ist nicht so, dass ich oder andere, die so denken wie ich, Fremdes überhaupt ablehnen, nicht aus ihrem Fach herauswollen, und auf der Bühne nur das sehen wollen, was sie selber fühlen oder selber denken. Was hier eben gesagt wurde, das erscheint mir im Grunde alles sehr unkompliziert. Das Ganze ist eben in eine Situation hineingestellt, die uns natürlich völlig fremd ist. Und das ist ein einfaches Modell, weil es keine psychologischen Komplikationen gibt.

Ich glaube, es ist für uns notwendiger, uns im Theater mit Dingen zu beschäftigen, die in unserer Zeit oder aus unserer Zeit heraus entstehen und die uns im Leben beschäftigen. Natürlich kann man auch aus Stücken früherer Zeit uns entsprechende Dinge herausinterpretieren. Aber ich habe keine Zeit, dafür Sachen wieder aufzufrischen, die ich vor vielen Jahren einmal wusste.

B. Wir zwingen allerdings niemand, ins Theater zu gehen. Wir zwingen auch niemandem unnötigen Ballast auf. Aber ich bin der Meinung, dass man zur Gegenwartsdramatik, zu der Kunst, die heutige Wirklichkeit zu bewältigen, nur kommt, wenn man fertig wird mit der Art, wie vergangene Kunst die Wirklichkeit bewältigt hat. Da sind nämlich herrliche Notierungen, und da ist eine grosse Kunst vorhanden, die Wirklichkeit zu bewältigen. Das können wir mit Gewinn studieren.

Ebenso können das interessierte Zuschauer studieren. Aber das verlangen wir natürlich nicht von allen; es muss auch noch etwas anderes sein auf dem Theater, dafür habe ich den *Drachen* inszeniert. Mich interessierte aber die Arbeit am *Ödipus* viel mehr. Ich habe viel mehr gelernt und alle, die mit mir an dieser Inszenierung gearbeitet haben, haben viel mehr gelernt. Und ich habe mehr geleistet bei dieser Inszenierung als bei der *Drachen*-Inszenierung, viel mehr.

Ich kann nicht verlangen, dass alle das während der Aufführung nachvollziehen. Ich muss auch zugestehen, dass es uns bisher nicht gelungen ist, die Aufführung klarer zu machen, als wir sie gegenwärtig spielen. Wir haben bestimmte konkrete Dinge berücksichtigt, die Schwellfüsse beispielsweise. Die Schwellfüsse haben wir behauptet, weil wir der Meinung waren, dass sie in der Fabel eine grosse Rolle spielen. Aber damit haben wir vielleicht angefangen zu verwirren, die Chancen für eine Popularität zu mindern. Wenn ich die Schwellfüsse aber aus dem Spiel lasse, komme ich nicht auf den Grund des *Ödipus.* Die Geschichte des *Ödipus* fasst einen grossen gesellschaftlichen Prozess —, die Kunst, einen grossen gesellschaftlichen Prozess zu begreifen, zu fassen und zu verdichten, haben wir in diesem Stück tatsächlich.

Wir Theaterleute klagen, die Autoren klagen, alle klagen, dass wir diese Kunst noch nicht beherrschen. Es gibt verschiedene Massnahmen, diese Kunst zu entwickeln. Nach *Ödipus* mache ich den *Lorbass* von Horst Salomon. Aber *Ödipus* ist meiner Ansicht nach auch ein

Schritt zur Gegenwartsdramatik. Es ist ein grosser Umweg, aber ohne diesen Umweg geht es nicht. Es geht nicht ohne Fassen der Vergangenheit.

X. Ja, erst dadurch kann man die Unterschiede verstehen, die Entwicklung übersehen. Und da grosse Abschnitte der Geschichte bei vielen nicht im Bewusstsein sind oder vor Jahren in der Schule nur gestreift worden sind, nicht voll ausgewertet werden konnten, ist allein die Aufführung solcher Stücke schon gut. Gerade junge Menschen im Betrieb wissen von der alten Geschichte oft wenig und können sie überhaupt nicht in Beziehung setzen zum Heute.

Interpretation einer Krise

B. Ich meine auch, solche Stücke können anregen. Ich habe die Füsse genannt als ein Moment, das uns verwirrt hat bei der Arbeit. Wir konnten dieses Moment aber wirklich nicht beiseite lassen und sagen: Zwar haben die Griechen sofort gehört, das ist Schwellfuss, wir hören das — Gott sei Dank — nicht mehr, das vereinfacht die Lage.

Hätten wir auch überhören sollen, dass der Orakelspruch nicht lautet „Ihr sollt den Mörder des Lajos suchen", sondern wesentlich verklausulierter ist? Nämlich: „ . . . man soll/ Des Landes Schmach, auf diesem Grund genährt / Verfolgen, nicht Unheilbares ernähren." Das ist sehr verklausuliert, und begreift die Krise als allgemeine. Es geht also nicht nur um die Rache für eine Bluttat. Kreon bringt aber die Sache sofort auf diesen speziellen Punkt. Weiter: Als eine der ersten Fragen stellt Ödipus die nach dem besagten Boten, der Zeuge des Mörders an Lajos war und durch den am Ende die Sache erwiesen wird. Ödipus weiss schon, wo das Beweisstück zu finden ist, aber der Zeuge kommt dann erst ganz am Schluss.

Dichterische Konvention oder innere Notwendigkeit

Wenn ich das alles nur als Kunstgriffe betrachte, wie das in einigen Werken von Professoren der Sorbonne geschieht, würde ich die Ansichten bestätigen: Das war eine primitive Zeit, man kannte die dramaturgischen Gesetze noch nicht richtig, das ist eben eine

Exposition, die Sophokles ein wenig ungeschickt gemacht hat. Man kann's so sehen und die genannten Merkwürdigkeiten als dichterische Konvention nehmen. Wenn ich das so sehe, bekomme ich schnell eine klare Linie in das Stück, aber ich mache es auch viel ärmer und nehme ihm die Substanz, wenn ich die Hürden einfach beseitige.

Der Mord an Lajos — Probleme des Wissens, Nichtwissens, Vergessens, Verschweigens

Eine weitere Hürde ist die des Wissens oder Nichtwissens von den Vorfällen, die untersucht werden. In einer Probenphase waren wir radikal und haben von vornherein angenommen, alle wissen alles. Allerdings ergab das dann eine Intrige, das ging aber nicht, denn die wäre falsch für die Geschichte und für die Zeit. Wir kamen auf eine besondere Art Wissen, die ich nicht definieren, nur umschreiben kann — ein Wissen, das mehr mit Ahnung zu tun hat, mit Gerüchten, Halbgewusstem, Vergessenem oder ähnlichem. Und dabei sind wir auch geblieben.

Nach meiner Ansicht ist das wirklich die Grundlage der Geschichte; da ist Gewusstes,

Unbewusstes, aber bei allen Vorhandenes. Für Tiresias ist es nicht so kompliziert wahrzusagen, er nennt wirklich, was ist, was klar ist und was im Grunde genommen viele ahnen. Einer ahnt einen Teil, der andere einen anderen Teil; zum Beispiel weiss keiner genau, dass Ödipus einen Herrscher erschlagen hat — Ödipus weiss, er hat auf dem Weg nach Theben einen Herrscher erschlagen —, aber viele Thebaner könnten ahnen oder vermuten. Keiner will jedoch etwas davon wissen, der Mann Ödipus bringt der Stadt Glück, wer redet da noch von der Vergangenheit.

Ich sehe nicht ein, warum man diese konkreten Aspekte bei der Aufführung des Stücks aus dem Spiel lassen muss.

Politisch verantwortungsbewusstes Verhalten eines Herrschers zu einer Krise

In diesem Zusammenhang gibt es noch einen wesentlichen Punkt: Warum schickt Ödipus den Kreon? Warum geht er nicht selber? Lajos war selbst gegangen.

D. Lajos hatte ja keinen Nebenbuhler, keinen Kreon. Sie meinen, wenn Ödipus aus der

Stadt gegangen wäre, hätte er seiner Herrschaft beraubt werden können.

B. So ist es, und durch neue Proben, die wir vorgesehen haben, könnte das deutlicher ablesbar gemacht werden. Am Ende der bisherigen Probenarbeit waren wir so verblieben, der Grund, aus dem Ödipus den Kreon schickt, ist folgender: Er kann nicht anders, denn es stinkt in Theben, in jeder Hinsicht, durch die Pest. Es fängt in Theben an zu stinken, und man verlässt sich nicht mehr nur auf Ödipus. Man beginnt jetzt, ihn zu fragen: Willst du nicht den Seher fragen, willst du nicht die Götter fragen, willst du nicht nach Delphi schicken.

Ödipus besteht aber darauf: Er führt ohne Götter, also ohne Befragen der Götter; er gibt die Antworten, ohne Tiresias zu befragen, diesen alten Scharlatan, der aus Eingeweiden von Vögeln liest — das ist die Meinung des Ödipus. Die Gerüchte aber sind so stark, also die Unruhe ist so stark, dass er dieses Mittel, Kreon nach Delphi zu schicken, erst nach langem Überlegen, wohlüberlegt, erfand — er sagt im Text tatsächlich: „Was aber wohl erforschend ich erfand". Ödipus schätzt diese Erfindung hoch ein, so hoch wie seine Lösung des Sphinxrätsels. Wie ist sein langes Überlegen zu erklären, wenn es hier nicht um einen grossen staatsmännischen Akt ginge. Es ist ein grosser staatsmännischer Akt, Kreon zu schicken, gerade den zu schicken.

Warum verhält Ödipus sich so? Das ersieht man aus der Führung der Untersuchung, wenn Kreon mit dem Orakel kommt. Ödipus bedrängt Kreon: ,,Vor allen sag es, denn für alle trag ich." Dasselbe fordert er von Tiresias: ,,Der Stadt bist du ein Schade, bleibst du mir stumm." Dann macht Ödipus den Kreon und den Tiresias fertig.

M. Kreon dagegen will ins Haus. Dahin zielte von vornherein seine Überlegung.

B. Ja. Ödipus sticht deshalb jetzt die Wunde auf. Er packt die Krise am Hals, und zwar mit einer Voreiligkeit, wie sie ihm der Chor später einmal vorwirft.

A. Dann würde ich noch weiter gehen und sagen: Ödipus wirkt von vornherein auf das Augenausstechen am Schluss hin, richtiger: Er ist sich im vornherein darüber im klaren, dass er, falls es zu einer Niederlage für ihn kommt, sich irgendwie verunstalten müsse — meinetwegen, wie Sie sagten, nicht um zu sühnen, sondern um sich neu aufzubauen — damit er in diesem anderen Zustand weiter existieren kann.

B. Ihre Hypothese ist problematisch. Die Schwierigkeit liegt darin: Wie weit ist Ödipus wirklich verblendet? Er hat geglaubt, er wäre es nicht gewesen. Er glaubt es in den ersten Szenen des Stückes wirklich. Und das ist ein böser Irrtum. Und jetzt, nach Jahren, nachdem die Thebaner ihm immer gezeigt hatten: auf keinen Fall bist du's gewesen — sie hatten ihn überzeugt, er wäre nicht der Mörder des Lajos; kein Thebaner rührte die Sache an —, jetzt kommt man und sagt, er solle den Mord untersuchen.

K. Sie widersprechen sich da aber mit Ihren verschiedenen Äusserungen. Jetzt machen Sie einen prachtvollen Salto, nachdem Sie mich vorhin schon fast überzeugt hatten.

B. Aber nein! Nicht doch! Das vorhin Gesagte musste ergänzt werden durch das jetzt Gesagte. Und das macht die Sache allerdings viel komplizierter.

K. Ich fragte mich bereits, warum Sie von Ihrer Konzeption vorhin abgegangen sind, zu der Sie jetzt zurückkehren.

B. Die eine Seite ist die Verblendung des Ödipus, dass er nicht weiss; über die andere Seite habe ich vorhin gesprochen.

K. Wenn sich aber eine solche Konzeption nicht wirklich mit dem ganzen Stück belegen lässt, sondern bei einem bestimmten Punkt aufhören muss, wenn sie nicht aufgeht . . .

B. Sie geht auf! Nur muss man zeigen — und das lässt sich nur durch konkrete Verhältnisse zwischen Figuren auf der Bühne zeigen — Ödipus ist der Überzeugung, ist jetzt zu der Überzeugung gekommen: Da ist eine böswillige Verleumdung, nämlich, dass er der Mörder sei. In dieser Phase der Geschichte denkt er wirklich so.

A. Bislang wollte er es also nicht glauben, nicht wahr, obwohl er es ahnte . . .

B. Und alle haben auf ihn eingeredet, der Chor redete auf ihn ein, sagte, er sei es nicht. Alle sagten das. Kreon, Jokaste, alle!

A. Ja, und plötzlich wird er dann durch die Forderung der Thebaner nach Untersuchung in eine Situation gestellt, wo er doch annehmen muss, dass er es gewesen sein könnte. Und jetzt will er es wirklich genau wissen.

B. So ist es.

H. Er muss es ganz genau wissen, er will's nicht nur.

B. Er muss und will. Er will das schon machen.

A. Ja, obwohl ich die ganze Sache viel zu wenig kenne.

Anlass des Gesprächs

D. Das war die letzte Wortmeldung. Die Diskussion ist erschöpft.

B. Nein, das natürlich nicht.

D. Aber vielleicht die Diskutierenden. Ich möchte Ihnen recht herzlich danken, dass Sie gekommen sind und mit uns gesprochen haben. Allerdings sind die positiven Stimmen, die wir so häufig gehört hatten, heute nicht sehr laut geworden. Aber die fragenden und kritischen Stimmen sind vielleicht interessanter. Ich habe bei den Diskussionen, die wir schon vorher führten, auch beobachtet, wer naiv an diese Aufführung heranging — aber mit Kenntnis der Mythologie —, hat am meisten mitgenommen, der also, der nicht mit bereits festgefahrenen Ansichten an die Sache heranging, der die Sache auf sich wirken liess und zugehört hat.